D1720554

*Engel, Licht und Flügel*

# Engel, Licht und Flügel

*...alles wird gut*      Bruno Vonarburg

*Gewidmet meinen Enkelkindern: Rilana und Jean Noël*

BIRKEN-
HALDE
VERLAG

3. Auflage, 2003, 2500
Bruno Vonarburg
Birkenhalde Verlag, CH-8411 Winterthur,
ISBN 3-905172-26-7
Printed in Switzerland

*Bilder und Text*
Bruno Vonarburg, 9053 Teufen

*Gestaltung*
Schaerdesign, CH-8400 Winterthur

*Lithografie, Satz, Druck*
Mattenbach AG, CH-8411 Winterthur

*Bildkombinationen*
Dominik Bruderer, CH-8418 Nussberg

*Ausrüstung*
Buchbinderei Burkhardt AG,
CH-8617 Mönchaltorf

BIRKEN-
HALDE
VERLAG

# Inhalt

## Prolog

Lange Zeit war ich unschlüssig, ob ich dieses Buch über Engel veröffentlichen sollte. Engel in ihrem himmlischen Glanz zu beschreiben, ist wohl die schwierigste Sache der Welt. Jeder, der sich zu den lichtvollen Wesen hingezogen fühlt, findet kaum Worte, um den strahlenden Schwingungen und Farben Ausdruck zu verleihen.

Viel zu bescheiden, ja sogar kümmerlich ist unser Sprachschatz, wenn man die entzückenden Reflexe formulieren möchte.

Außerdem bin ich der Ansicht, dass das Verfassen eines Engelbuches vom Autor eine gewisse geistig-seelische Entwicklung voraussetzt, um das Werk in einer wahrhaften Symphonie erklingen zu lassen. Die schreibende Seele muss mitschwingen, ansonsten trockene und kopflastige Darstellungen das Licht der Engel verfälschen.

Trotz meiner vielen menschlichen Schwächen fühlte ich mich innerlich gedrängt, diesen Bildband zu verwirklichen. Ich hatte keine Ruhe, bis die ersten Aufzeichnungen vor mir lagen. Sorgfältig aber überprüfte ich die anfänglichen Schilderungen, ob ich einer Illusion verfallen sei. Denn die Engelwelt ist für mich etwas ganz Natürliches und hat nichts mit Fantasie, Einbildung oder Schwärmerei zu tun. Bei meinem innerlichen Ringen wandte ich mich an die Engel und bat um Klarheit und Gewissheit. Sie breiteten über das Vorhaben ihre Flügel aus mit dem inspirierenden Gedanken: «Alles wird gut.» Damit waren meine Bedenken überwunden.

Nun aber stellte sich eine weitere Konfusion ein, die ersten Texte mussten formuliert werden. Häufig ging ich abends wankelmütig zu Bett und wusste nicht, wie ich dieses oder jenes artikulieren sollte. Doch mitten in der Nacht erwachte ich mit einer Fülle im Kopf, welche erst nachließ, nachdem ich im schlummernden Zustand die drängenden Gedanken zu Papier gebracht hatte. Morgens war ich dann von meinen Zweifeln wieder befreit.

Einen weiteren Impuls zur Veröffentlichung dieses Engelbuches brachte die Herausgabe des Kalenders «Engelskulpturen 2001» zugunsten der Stiftung für die Not leidenden Straßenkinder und allein stehenden Mütter von Rumänien. In diesem kalendarischen Digest wurden einige Fotos von prachtvollen Engelsfiguren, welche ich auf meinen Wanderungen durch Italien, in England, in der Schweiz und in

Rumänien eingefangen hatte, bildlich dargestellt. Die Resonanz war überraschend groß, wobei ich von verschiedenen Seiten ermutigt wurde, einen Bildband erscheinen zu lassen. Also musste ich nur noch einen Verleger finden, der sich für dieses Vorhaben begeistern ließ. Schon sah ich mich beim «Türfallenputzen» bei den Verlagen, wäre nicht ein glücklicher Zufall (wenn es dies überhaupt gibt) passiert. Wie von Engeln geleitet, kam ich mit Peter Strupler vom Birkenhalde Verlag in Kontakt, der kurzerhand von der Herausgabe dieses vorliegenden Werkes fasziniert war.

Es bleibt mir all jenen zu danken, die mich während der Bearbeitung dieses Buches angespornt und unterstützt haben. Mein innigster Dank gilt aber im Besonderen den Engeln selbst, welche immer wieder ihre Flügel über diese Lektüre ausbreiteten und mich mit entzückenden Ideen inspirierten.

Möge Sie der «Wirbelwind» der lichtvollen Geister in diesem Buch beglücken und immer näher zu den Engeln führen. «Alles wird gut!»

Teufen, im Mai 2001                    Bruno Vonarburg

Wenn wir der Tatsache Glauben schenken, dass jeder Erdenbürger von seiner Geburt bis zum Sterben einen Engel zugeteilt erhielt, müssten bei sieben Milliarden Menschen auf dieser Welt ebenso viele Milliarden Engel unter uns tätig sein. Bei so beträchtlichen Heerscharen lichtvoller Geister überrascht es uns aber, dass wir auf unserer Erde mit so vielen gravierenden Problemen und Konflikten behaftet sind. Das Gegenteil müsste doch der Fall sein. Haben die Engel versagt oder existieren sie überhaupt nicht?

The Annunciation to the Shepherds: detail of the angel, 1656 Nicolaes Pietersz. Berchem Bristol City Museum and Art Gallery, UK/Bridgeman Art Library

## Einleitung

*«Denn Er hat Seinen Engeln befohlen, dass sie dich behüten auf allen deinen Wegen, dass sie dich auf Händen tragen und dass du den Fuß nicht an einen Stein stoßest.»* Psalm 91, 11–12

Gibt es dafür eine Erklärung?

Der Grund des weltweiten Desasters sind nicht die Engel, sondern wir Menschen. Unser modernes Leben pulsiert. Viel zu sehr sind wir in unserem irdischen Dasein mit materiellen Dingen beschäftigt, dass wir kaum die Zeit finden, uns den inneren Werten zu öffnen. Wie ein Zauberlehrling möchten wir den Sinn des Lebens selbst bestimmen, abgewandt von allen göttlichen Gesetzen.

Es scheint, dass der Mensch des 21. Jahrhunderts die Engel nicht mehr nötig habe. Mit sterilem, menschlichem Verstand versucht er die Welt zu regieren, wobei sein Geist vom Materialismus und Egoismus eingeengt wird. Diese Denkweise führt in den Schatten und beschert uns Schicksal, Kummer und Sorgen.

Doch wo weder Wissenschaft, Intellekt noch Politik eine Lösung finden, da sind die Engel zur Stelle. Sie sind für uns wie die Sonne, der wir uns zuwenden können.

So wie Sonnenstrahlen unaufhörlich auf die Erde scheinen, so kann auch die geistige Sonne in unsere innere Welt einstrahlen und Licht in unserem Dasein verbreiten.

Nur über den inneren Weg können wir die äusseren Pfade in Ordnung bringen, das heisst das Dunkle in dieser Welt verändern.

Wir müssen also in uns eine Kerze entfachen, um aus dem Schatten herauszufinden. Mit Engeln an der Hand lösen wir uns von den Fesseln der dunklen Zeit und befreien uns aus dem Gefängnis der Verstrickung. Sie, die lichtvollen Wesen, heben uns aus der Schwerkraft dieser Erde empor. Engel sind Kräfte zum Guten.

### Alles wird gut

Tatsächlich ist es möglich, kraft der Engel unsere Welt zum Guten zu verändern. Engel sind Fenster zum Licht. Sie sind da, ob wir an sie glauben oder nicht. Wenn wir zu den lichtvollen Geistern eine Brücke aufbauen, können wir unser Inneres entrümpeln und allen überflüssigen Ballast abwerfen. Unsere Einstellung zum Leben wird sich durch sie verändern und viele Blockaden werden beseitigt. Die Lichtgeister klären uns auch den Sinn unseres Daseins. Engel öffnen uns andere Welten, andere Dimensionen, andere Empfindungen, die uns höher tragen – das Leben gerät in Bewegung.

Überall spannen sie ihre Flügel aus, wenn wir sie darum bitten. Für jede Situation stehen uns Engel zur Seite, sei es in der Familie, in der Schule, am Arbeitsplatz, in der Politik, in Krankheit oder bei Kummer, Schicksal und Sorgen.

Jederzeit können wir mit ihnen ein Rendez-vous arrangieren – auf sie ist Verlass. Sagte doch Martin Luther: *«Engel geben innerlich einen Rat ein oder legen äußerlich ein Zeichen auf den Weg.»*

Wir sind nie allein, so bekundet es auch das Appenzeller Landsgemeindelied: *«Deiner Gegenwart Gefühl sei mein Engel, der mich leite, dass mein schwacher Fuß nicht gleite, nicht sich irre vor dem Ziel.»*

Engel treten auf verschiedene Arten in unser Leben. Selbst wenn wir dieses Buch in die Hand nehmen, werden wir von Engeln berührt. Sie begleiten die Lektüre mit friedlichen Schwingungen und beflügeln uns im Herzen. Überall haben sie ihre Flügel im Spiel. Nicht nur in gefahrvollen Situationen tauchen sie auf, sondern sie führen uns durchs ganze Leben bis zum letzten Atemzug. Und jederzeit haben wir Zutritt zu ihren lichten Sphären.

Unser Pfad zu den Engeln ist wie eine Bergwanderung: je höher wir steigen, umso herrlichere Ausblicke werden frei.

Wir müssen nur unsere Hand ausstrecken, sie werden uns auffangen und uns Stufe um Stufe höher tragen. Viele, die sich den lichtvollen Wesen anvertraut haben, sind durch sie bessere und glücklichere Menschen geworden. In der Tat schaffen sie uns eine schönere Zukunft. Lösen wir also den Klotz von unseren Beinen und gehen wir den Engeln entgegen: «Alles wird gut!»

kam eines Tages in die Praxis und fragte nach einer naturheilkundlichen Therapie für diese schwere Erkrankung. Mit großem Mitgefühl und Bedauern musste ich dem Patienten eröffnen, dass auch die Naturheilkunde für dieses Leiden kein Wundermittel kenne und lediglich imstande sei, die auftretenden Beschwerden zu lindern. Ich versprach aber, dass ich für ihn immer zur Stelle sei, wenn er Hilfe und Beistand benötige. So kam er in regelmäßigen Abständen vorbei, um in seiner Not das Herz auszuschütten. Mittlerweile entwickelte sich aus unseren Begegnungen eine tiefe Freundschaft, wobei sich aber sein Krankheitszustand von Monat zu Monat verschlechterte.

Inzwischen besuchte mich auch seine Mutter, die infolge des Leidens ihres Sohnes seelisch sehr entkräftet war. Sie schilderte mir, wie schwer es für sie sei, dieses Schicksal zu akzeptieren. Ja, es machte auch mich sehr betroffen. Aus der Notsituation entwickelte sich zwischen uns allen eine tiefe Verbundenheit.

Die Kräfte des Kranken schwanden zusehends, sodass sich die Mutter entschloss, ihre Arbeit bei einer Appenzeller Lebkuchenfabrik zu unterbrechen, um ihrem Sohn in den letzten Tagen seines Lebens Tag und Nacht beizustehen. Vierzehn Tage später kam sie überraschend mit einem großen Blumenstrauß in die Praxis und berichtete mir mit freudestrahlendem Gesicht, dass ihr Junge soeben verstorben sei. Etwas verlegen fragte ich sie, warum sie denn in dieser schweren Stunde so fröhlich sein könne. *«Denken Sie»*, bekam ich zur Antwort, *«die letzten Tage und Stunden mit ihm waren die schönsten meines Lebens. Ununterbrochen saß ich an seinem Bett und hielt ihm die Hand, dass er meine Nähe und meinen Beistand deutlich spüren konnte. Doch vor zwei Tagen lächelte er mir ganz unerwartet entgegen und sagte, dass ich meine Hand loslösen könnte. Da war ich schon ein bisschen erstaunt, dass ich ihm nicht mehr so nah sein durfte. ‹Liebe Mutter›, gab er mir zur Antwort, ‹jetzt ist ein anderer da, ein großer, mächtiger Engel, der mir die Hand reicht und viel stattlicher ist als unser eigenes Haus. Er gibt mir Kraft und Zuversicht, dass ich mich von Herzen freue, in eine andere Welt hinüberzugehen.› Freudestrahlend ist er dann letztlich gestorben und diese Freude hat sich auf mich übertragen.»*

Dieses wunderbare Ereignis konnte ich niemals vergessen. Ja, diese Geschichte kam mir in den Sinn, als ich vor kur-

### Engel sind immer zur Stelle

Engel sind immer zur Stelle, sie überraschen uns beständig mit ihrer lichtvollen und schützenden Gegenwart. Wie oft schon haben wir in der Zeitung gelesen oder in Radio und Fernsehen vernommen: «Da war der Schutzengel im Spiel.» Ja, vielmals ungerufen bewahren sie uns vor lebensbedrohlichen Gefahren.

Im sanktgallischen Flawil gibt es eine kurvenreiche Wegstrecke, auf der sich von Jahr zu Jahr zahlreiche Unfälle ereigneten. Doch nachdem am Unglücksort eine meterhohe Engelsfigur aufgestellt wurde, löste sich die Gefahrenzone auf einen Schlag.

Solche wundersame Ereignisse gibt es zuhauf. Überall können wir erkennen, wie Engel in unserem Leben ihre Spuren hinterlassen. Jeder hat dies schon erfahren.

Als Heilpraktiker im Appenzellerland erlebte ich vor vielen Jahren eine eindrückliche Engelgeschichte. Ein Aids-Kranker

zem bei einem Bekannten, der an Lungenkrebs erkrankt
war, im Spital zu Besuch war. Ernst, ein einfacher Magaziner,
der fast jedes Jahr an meinen Kräuterkursen im Wallis teil-
nahm, telefonierte mir völlig überraschend, dass er schwer
erkrankt sei. Sofort ging ich zu ihm ins Krankenhaus, wo
er mir mit leidendem Ausdruck und gebrochener Stimme
die Hand entgegenstreckte. Um seinen Kopf trug er eine
schwarze Binde, die ihm das rechte Auge abdeckte. Auf
meine Frage, warum er dieses Band trage, antwortete er,
dass der Tumor bereits ins Auge gefahren sei und dass die
Ärzte ihm nur noch wenige Wochen prognostiziert hätten.
Dies war für mich ein großer Schock, kannte ich doch
meinen Botanikgenossen als einen kräftigen, strotzenden
Gesellen. Nun lag er völlig gebrochen vor mir im Krankenbett, umgeben von seiner Frau und seinen drei Kindern.
Ich spürte, wie alle Beteiligten auf meine Reaktion warteten.

Doch es verschlug mir völlig die Sprache, sodass ich nur
«Ernst… Ernst… lieber Ernst» stammeln konnte, während
ich ihm die Hand fest drückte. Eine endlos lange Zeit
konnte ich kein Wort hervorbringen, ja ich wusste nicht,
was ich in dieser Situation sagen sollte. Plötzlich erinnerte
ich mich an die Geschichte des Aids-Kranken, die ich nun
in meiner Ratlosigkeit zu erzählen begann. Alle hörten
mir mit offenem Herzen zu. «Lieber Ernst, ich kannte vor
vielen Jahren einen befreundeten Aids-Kranken, der wie du
ans Bett gefesselt war und sich aufs Sterben vorbereiten
musste. Zwei Tage, bevor er in die andere Welt hinüberging,
reichte ihm ein großer, mächtiger Engel die Hand und
erfüllte ihn mit Frohmut und Zuversicht, sodass er letztlich
mit freudestrahlendem Gesicht sterben konnte. Auch dir,

lieber Ernst, wird ein Engel begegnen und dir die Hand
reichen, damit du keine Angst haben musst. Er wird dich
in eine Wolke einhüllen und dich geborgen hinüberführen.
Bereite dich auf sein Kommen vor, strecke ihm die Hand
entgegen, so wirst du ganz ruhig sein.»
Danach verabschiedete ich mich und versprach in einer
Woche wieder zu kommen. Vorerst aber würde ich ihm
eine Engelfotografie zukommen lassen, damit er sich bild-
haft auf die lichtvolle Begegnung vorbereiten könnte.
Während ich immer wieder an Ernst denken musste, ver-
strich die Woche im Flug, worauf ich am Freitagabend mit
dem Auto unterwegs war. Blitzartig um 19 Uhr spürte ich
ein komisches Empfinden, so, als ob jemand auf meinem
Beifahrersitz Platz genommen hätte und als ob mein Kopf
sich von Sekunde zu Sekunde vergrößern würde. Das
Schwellungsgefühl verstärkte sich derart, dass ich glaubte,
mein Haupt würde durchs Autodach hindurchdringen.

Engelsskulptur auf dem Friedhof von Genua aufzunehmen. Es war am Wochenende vor Allerheiligen, zu der Zeit, da die Italiener gewöhnlich in Scharen die Gräber ihrer Angehörigen besuchen. Weil ich mit Fotoapparaten ausgerüstet schon oft an Friedhofsportalen zurückgewiesen wurde, versuchte ich über einen Hintereingang ins Areal einzutreten. Ich wusste nur, dass die gesuchte Engelsskulptur irgendwo auf dem riesig großen Friedhof von Genua verborgen war. Noch mit dem Gedanken beschäftigt, wie viele Stunden ich wohl das ausgedehnte Areal absuchen müsste, um das gesuchte Objekt zu finden, stand ich bereits mitten auf dem Friedhof. Ein freundlicher Mann kam mir entgegen und rief mir zu: «Kommen Sie, kommen Sie!» Doch ich versuchte ihm auszuweichen, da ich glaubte, dass ich nun zurechtgewiesen und aus der Friedhofsanlage hinausbefördert würde. Die freundliche Gestalt hatte mich aber bereits erreicht, sodass ich nicht mehr ausweichen konnte. Der Mann wies mich an, ihm zu folgen, 10 m rechts, dann geradeaus und 20 m links hinab. Nach kaum zwei Minuten stand ich völlig unerwartet vor der liegenden Figur. Mein Begleiter fragte: «Ist sie das?» «Ja», rief ich freudig aus. Glaubte ich doch, dass ich während des ganzen Tages nach ihr suchen müsste, und nun stand ich vor ihr. Welch ein Glück! Ich bat den freundlichen Mann kurz zu warten, bis ich meine Filme aus dem Auto geholt hätte, da ich von ihm vor der Skulptur eine Aufnahme machen wollte. Als ich aber drei Minuten später zurückkam, war er verschwunden. Wer hatte mich zu dieser Engelsskulptur geleitet? Diese Frage beschäftigt mich heute noch.

Engel sind überall! Die himmlischen Heerscharen sind ein unvorstellbarer geistiger Kosmos, der mit Licht und Kraft unser Dasein beflügelt und bewegt. Wer den geflügelten Wesen entgegengeht, wird von ihrer Präsenz geradezu entzückt. Achten wir in unserem Leben auf die lichtvollen Spuren. Wir werden überrascht sein. Was sichtbar ist, ist zeitlich, was unsichtbar ist, ist ewig.

Anmerkung: Manchmal müssen wir die Engel suchen – so auch in diesem Buch: An jedem Kapitelanfang steht ein kombiniertes Bild – in einigen Bildern sind darauf die Engel etwas versteckt – entdecken Sie sie.

Um mich ein bisschen abzulenken, stellte ich das Radio an. Aber das eigenartige Gefühl blieb bestehen, bis es plötzlich nach einer Viertelstunde schlagartig verschwand.

Zu Hause angekommen, telefonierte ich der Familie meines schwer kranken Freundes, da ich ihn ja am nächsten Tag wieder im Spital besuchen wollte. Raphael, der Sohn, war am Apparat und berichtete mir mit weinender Stimme, dass sein Vater soeben um 19 Uhr verstorben sei.

Vielleicht wollte mir Ernst ein kleines Zeichen geben?

Ich fühlte nur, wie er mir sagen wollte: Der Engel hat mich besucht und mich glückselig hinübergetragen!

Engel sind immer zur Stelle, davon bin ich felsenfest überzeugt. Ja, selbst in banalsten Situationen breiten sie ihre Flügel über uns aus. Wir müssen unsere Augen und Sinne nur offen halten.

Einmal war ich unterwegs, um für eine Engelausstellung zugunsten der Straßenkinder von Rumänien eine liegende

## Engel, eine Faszination

Engel haben mich immer bezaubert und mich schon oft
von der Bürde des täglichen Trotts abgehoben, im wahrsten
Sinne des Wortes beflügelt. Wenn ich zuschaue, wie ein
Bildhauer aus einem harten, eckigen Stein, der oftmals
unser mürbes, kantiges Leben symbolisiert, eine beflügelte,
lichtvolle und edle Figur herausmeißelt, bin ich stets von
neuem fasziniert. Das Resultat seiner künstlerischen Arbeit
wirkt auf mich als ein Impuls zur Besinnlichkeit. Die
geschaffene Skulptur weckt Gefühle der Befreiung, einer
Art Emanzipation zur Verschönerung und Veredelung des
eigenen Daseins. Die Gestalt fordert mich auf zum Loslassen und Träumen. Betrachtend steigt die Frage auf:
Ist es möglich, diese Vision in unser Leben hineinzutragen,
unser Dasein als einen zu bearbeitenden Block zu erfahren?
Nur wer an diesem Block feilt, hämmert, poliert, abschleift

und selbst gestaltet, wird davon letztlich nicht erdrückt.
Engel sind für mich keine verstaubten Märchenfiguren, wie
sie in Museen zu finden sind oder an Wirtshäusern oder
Apotheken prangen. Hier und dort begegnen sie uns als
kleine Putten mit Pfeil und Bogen, erscheinen pausbäckig
oder dickbäuchig in Rauschgoldfiguren, singen ihr himm-
lisches «Alleluja» als Putti der Renaissance, des Barocks
oder Rokokos. Insbesondere zu Weihnachten schmücken
sie in fliegender Pose die mehr oder weniger kunstvollen
Umhüllungen unserer Geschenke, kreisen unter feierlichen
Melodien links- oder rechtsdrehend auf der Musikorgel,
manchmal eingepackt unter schneeverzierten Kugeln.
In der Kunst entzücken sie uns in lichtvollen und musi-
schen Darstellungen, sei es bei Chagall, Rembrandt, Klee
und vielen anderen Malern. Ferner erscheinen die geflügelten Boten samt schimmernder Aura auf Ikonen und
Glückwunschkarten. Auch in der Musik sind die Engel in

vielen Kompositionen präsent. Auffallend ist, dass selbst in unserem modernen Rockzeitalter jeder zehnte Schlager Engel besingt und auch die Filmindustrie sich an der Magie der Engel inspiriert, sei es im Film *«Der Himmel über Berlin»* von Wim Wenders oder *«Romeo und Julia»* von Baz Luhrmann. Viele Literaten wie Dante, Shakespeare, Kafka, Thomas Mann, Christian Morgenstern, Goethe und zahlreiche andere haben sich mit diesen überirdischen Wesen befasst. Es bereitet wirklich Spaß, den Fußspuren der Engel in unserem Umfeld zu folgen.

Doch es gibt noch eine andere Seite der Engel, jenseits der pausbackigen Miniaturen mit Speckröllchen, die von illustren Menschen geschaffen wurden, um in unserem irdischen Getriebe himmlischen Schabernack zu treiben. Es ist ihre Wirklichkeit, ihre glaubhafte Existenz. Obwohl sie in ihrer wirklichen Form mit unseren fünf Sinnen nicht fassbar sind, suchen heutzutage viele Menschen die Verbindung mit

ihnen herzustellen. Eine immer größer werdende Zahl von Zeitgenossen fühlt sich zu den Engeln hingezogen, was sich besonders in der sich explosiv ausbreitenden Angeloliteratur bestätigt findet. In diesem Sinne sind die Engel gar nicht so unpopulär, wie es auf den ersten Eindruck erscheinen mag. Laut einer in den USA durchgeführten Umfrage glauben mehr als die Hälfte der Befragten an die Existenz der Engel. Viele führen sogar ein Engelstagebuch oder benutzen Engelskarten, während die amerikanische Zeitschrift *«Guideposts»* in großer Auflage regelmäßig Berichte über Engelsbegegnungen und -erfahrungen veröffentlicht.

H. G. Moolenburgh, ein Arzt in den Niederlanden, erkundigte sich bei seinen Patienten während längerer Zeit über erlebte Engelsbegegnungen. In seinem Buch *«Engel als Begleiter und Helfer der Menschen» (Bauer Verlag),* veröffentlichte er das Ergebnis seiner Befragung. Er schätzt, dass mindestens 1% der niederländischen Bevölkerung (15 Mio.), also etwa

150 000 Menschen eine Engelsbegegnung erfuhren. Bei der Erforschung hielt sich der Arzt an folgende Voraussetzungen: Die Engel mussten vollständig sichtbar sein und der Bewusstseinszustand der betreffenden Person durfte keine Lücken aufweisen.

Gerade in unserem Zeitalter der Wissenschaften, in der die fassbare Materie eine dominante Rolle spielt, gewinnt die Faszination der Engelwelt in breiten Kreisen neue Dimensionen. Engel sind in unserer modernen Welt trotz Technik und Rationalismus eine Realität, deren Existenz wie die unsichtbaren Atome und Moleküle der tastbaren Materie bewertet werden kann. Ihre Existenz beginnt genau an der Grenze, an der unser rationales und logisches Denken aufhört, an der unsere herkömmliche und gewohnheitsmäßige Welt endet. Wenn man diese Grenze überschreitet, beginnt das Staunen. Sichtbar werden dann die lichtvollen Wesen durch ihre Auswirkungen, Veränderungen und Transforma-

tionen. Meist können sie viel besser mit dem Herz als mit dem Verstand wahrgenommen werden. Wie sagt doch der kleine Prinz: «Man sieht nur mit dem Herzen gut, das Wesentliche bleibt für das Auge unsichtbar.»

Vielleicht braucht unser Intellekt ein bisschen geistigen Urlaub, um die Engel besser verstehen zu können. Sergio Golowin ist überzeugt, «dass es der Welt sichtbar besser gehen würde, wenn die Menschen noch an Wunder glauben könnten.» Auch Kurt Dressler, ehemaliger Professor an der ETH Zürich, bekennt: «Speziell in der Physik merkt man, dass hinter unserer Realität noch viel größere Geheimnisse stecken als die Dinge, die wir in unserem Alltag erfahren.» Üben wir also keine Verstandesakrobatik, sondern lassen wir die Dinge geschehen, wie sie sind. Je mehr wir es den Engeln erlauben, in unser Leben zu treten, umso mehr werden sie sich offenbaren, und unser Dasein wird durch sie beflügelt, erhellt, beschwingt und beseelt.

Als Kind haben fast alle an die Schutzengel geglaubt. Doch in der Epoche des Intellekts wird leider heute nur noch das rationale Denken gefordert, wobei bloß die eine Hirnhälfte beansprucht wird.

Vielmals sind aber unter dieser einseitigen Belastung die Sinne derart abgestumpft, dass man nicht in der Lage ist, Engel wirklich wahrzunehmen. Trotzdem gibt es erstaunlich viele Dinge, die wir mit unserem Verstand kaum erfassen können. *«Das heißt aber nicht, dass die Dinge, weil wir sie nicht verstehen, nicht existieren und Realität sein dürfen»*, definierte Elisabeth Kübler-Ross. *«Viele verhalten sich aber so, wie wenn sie einen Schleier vor den Augen hätten, und spielen dabei ‹den ungläubigen Thomas›.»*

Unsere heutige Wissenschaft mag brillant, ein «Tausendsassa» sein, aber in der Frage über die Engel gleicht sie einem jämmerlichen «Greenhorn». Sie versucht nämlich, die Materie durch den Intellekt zu beherrschen, aber in Wirklichkeit wird leider der Verstand durch die Materie regiert.

Engel müssen auch nicht wissenschaftlich nachweisbar sein – sie unterliegen höheren Ebenen, die dem menschlichen Geist weit überlegen sind. Mit kopflastigem Denken, d.h. Verstandesakrobatik, verschließen wir uns vor den beflügelten Lichtwesen. Wir sollten also unseren Geist nicht mit irdisch menschlichem Begriffsvermögen einengen. Nur wenn wir uns öffnen und in uns hineinhören, sind Engel nicht mehr wegzuleugnen – wir spüren, wenn auch nur zart, ihre Flügel und ihre Strahlkraft.

Engel gibt es in allen Religionen der Erde. Aber es gibt keine nur katholischen, reformierten, jüdischen oder muslimischen Engel – das ist Bürokratie. Die lichtvollen Wesen sind überall und jedem zugetan.

《Ich bin dein Engel, der zu dir herabsteigt,
um mit dir zu lachen und dir Frohmut zu verleihen.
Öffne dein Herz!》

## Schillernde Engelsillustrationen

Die Engel zwingen uns zu nichts. Wir allein entscheiden,
wie hoch sie bei uns fliegen können. Der Ausflug zu den
Lichtgeistern ist wie das Hochsprungtraining, wo wir jedes
Mal die Höhe selbst bestimmen können. Einige entschließen
sich für minime Limiten und hüpfen mal hier, mal dort
umher. Andere wiederum stellen die Latte und ihre Ansprüche recht hoch. Je höher wir springen, umso näher gelangen wir ans Engelslicht. Alleweil müssen wir wieder auf die
Erde zurück; was zurückbleibt, ist ein unbeschreibliches
Glücksgefühl. In dieser geübten Verbindung zu den Engeln
verlieren wir automatisch die Enge, welche uns oft im irdischen Alltag erdrückt. Wir setzen uns Flügel auf und fliegen
im Wirbelwind davon.

Erfahrungen mit Engeln sind kein Blinde-Kuh-Spiel; sagt
doch Goethe: *«Die Engelwelt ist nicht verschlossen, nur der*

*Sinn und das Herz ist tot.»* Immer wieder erstaunt es uns, welch schillernde Engelsillustrationen durch verschiedene Persönlichkeiten unserer Zeit an uns herantreten. André Heller meint: *«Zumindest einmal im Leben begegnet jeder von uns einem Engel, wir müssen ihn nur rechtzeitig erkennen, sonst fliegt er davon.»* Max Frisch benutzte seine Feder, um den Stellenwert des Schutzengels zu beschreiben: *«Der Schutzengel: die Sympathie, wir brauchen ihn immerzu. Wir haben ihn als Kind, sonst wären wir längst überfahren, wir wachsen damit auf, wir verlassen uns auf ihn – und dabei ist nur ein Hauch, was uns schützt, was uns von dem Ungeheuerlichen trennt, von dem Rettungslosen, wo nichts mehr für dich zeugt, kein eignes Wort, keine eigne Tat.»*

Auch der Psychoanalytiker C.G. Jung machte sich Gedanken über seinen Geistlehrer: *«In jedem von uns ist auch ein anderer, den wir nicht kennen. Er spricht zu uns durch den Traum und teilt uns mit, wie anders er uns sieht, als wir uns sehen. Wenn wir*

*uns daher in einer unlösbar schwierigen Lage befinden, so kann der fremde Andere uns unter Umständen ein Licht aufstecken, welches wie nichts geeignet ist, unsere Einstellung von Grund auf zu verändern, nämlich eben jene Einstellung, die uns in die schwierige Lage hineingeführt hat. Die meisten unserer Schwierigkeiten rühren daher, dass wir den Kontakt zu unseren Instinkten, zu der uralten, unvergessenen Weisheit, die in jedem von uns gespeichert ist, verloren haben.»*

Die Ärztin und Sterbeforscherin Elisabeth Kübler-Ross, welche über 20 000 Sterbende betreut und für ihre wissenschaftlichen Arbeiten zahlreiche Ehrendoktortitel erhalten hat, äußerte sich: *«Es ist bewiesen, dass jeder Mensch von seiner Geburt bis zu seinem Tod von Geistwesen begleitet wird. Jeder Mensch hat solche Begleiter, ob sie daran glauben oder nicht, ob sie Jude oder Katholik oder ohne Religion sind, spielt überhaupt keine Rolle. Denn jene Liebe ist bedingungslos, weshalb jeder Mensch dieses Geschenk eines Begleiters erhält. Wenn wir nur*

*Augen hätten, die sehen könnten, so würden wir bemerken, dass wir niemals allein sind, dass uns jene Wesenheiten umgeben, die uns führen, uns in Liebe zugetan sind und uns beschützen.»*
Gestatten wir es uns, dass es Engel gibt, wir werden ihnen begegnen, wenn wir den Weg zu ihnen aufschließen. Was uns häufig fehlt, ist die Bereitschaft, Aufmerksamkeit und Sensibilität.
Wie bei einem Radiogerät lässt sich der Kontakt herstellen, wenn die Antenne auf die richtige Frequenz eingestellt ist. Einmal zusammengefunden, werden wir mit den Engeln an der Hand unser Leben umkrempeln, glücklicher, gesünder, zufriedener und schöner gestalten.

## *Wirklichkeit der Engel*

Schließen wir einmal die Augen und denken intensiv an unseren Schutzengel. Was spüren wir? Vielleicht umgibt uns ein Gefühl der Wärme, vielleicht werden wir augenblicklich froh und heiter, unter Umständen sehen wir Farben, Lichtstrahlen, Lichtpunkte oder Spiralen. All dies kann geschehen, mitunter noch viel Unglaubliches mehr, wenn wir es den Engeln gestatten, an uns heranzutreten. Eines ist gewiss: Immer wenn uns die Lichtwesen nahe sind, wird es in und um uns heller, heiterer, fröhlicher, lockerer und beschwingter – unser Dasein verändert sich zum Guten. Eine einzige Begegnung mit einem Engel ist wie eine kleine Evolution – wir sind danach andere Menschen.

Jeder besitzt sein eigenes Fenster zur Wirklichkeit der Engel. Immerzu stehen sie uns zur Seite, in jedem Augenblick, zu jeder Gelegenheit. Wir müssen sie nur rufen. Damit ist der erste Schritt getan. Sie begegnen uns als Helfer und Begleiter, als Lehrer und Ermahner, als Freunde und Aufmunterer, auf die man sich verlassen kann. Sie sind durchströmt von der Liebe Gottes, die uns immerzu erwärmen möchte.

Engel sind aber keine Glücksfeen mit dem Zauberstab in der Hand. Sie bescheren uns nicht mit irdischen Gütern und man kann mit ihnen auch keine Lottozahlen heraustüfteln. Vielmehr beglücken sie uns mit spirituellem Überfluss und innerem Reichtum, was viel wesentlicher ist als ein millionenschweres Bankkonto. In Wirklichkeit sind Engel unsere geistigen Entwicklungshelfer, die dafür sorgen, dass wir nicht auf der gleichen Stufe stehen bleiben. Sie kennen unser Schicksal und formen uns zur Reifung. Sie wissen auch um unseren ewigen Namen und halten uns immerzu als Stern im Auge. Sie sind der heilende Geist der Menschheit. Wer möchte mit ihnen nicht in Begegnung treten?

Engelsbegegnungen lassen sich weder planen, noch können sie erzwungen werden. Sie funktionieren nicht wie die Entertaste beim Computer. Die Software müssen wir zuerst aufbauen. Mit gelichteter Persönlichkeit, mit eigener Kraft und aus freiem Willen sollten wir uns den Zugang zu den Engeln erarbeiten. Die lichtvollen Wesen fallen nicht wie der Schnee vom Himmel, sondern entfalten sich in unserem Herzen. Nur so kann es geschehen, dass sie sich uns zur gegebenen Zeit offenbaren. Tag für Tag, Stunde für Stunde warten sie darauf, dass wir ihnen unsere Herzenstüre öffnen.

Welch eine herrliche Welt von Licht und Liebe! Wahrscheinlich sind wir alle schon in irgendeiner Form einem Engel begegnet, im Traum oder in einer Gefahr, in der wir auf wunderbare Weise beschützt wurden. Möglicherweise war es nur unbewusst, ohne dass wir seine Gegenwart richtig wahrgenommen haben.

Engel sind immer um uns und wir tun gut daran, wenn wir ihnen immerzu die Herzenstüre offen halten. Wenn wir uns von frühmorgens bis abends spät bewusst sind, dass uns die Lichtgeister greifbar nahe sind, beginnen sich automatisch unsere Gedanken und Gefühle zu verändern, wir spüren ihre Schwingung, ihre Anwesenheit, ihr Licht und ihre Wärme. Wir empfinden aber auch, dass sie unseren Teil zum weiteren Aufbau der Freundschaft erwarten. Es ist wie bei einer freundschaftlichen Beziehung unter Menschen. Auch dort gelten Umgangsformen und Verhaltensweisen, die eingehalten werden müssen, ansonsten die Zuneigung Schaden erleidet. Die Engel erwarten von uns, dass wir mit unserem Denken, Reden und Handeln ihnen ähnlich werden. Eine Engelsbegegnung setzt daher bestimmte charakterliche Eigenschaften voraus, ansonsten wir leer ausgehen. Wir haben also den Schlüssel für die intensive Engelserfahrung selbst in der Hand. Bedauerlicherweise sind aber nur

wenige bereit, ihn zu gebrauchen, um die Welt der lichten
Sphären aufzuschließen. Wer passiv und träge bleibt, unbekümmert und teilnahmslos in den Tag hinein lebt, wird
die Tore zu den Engeln nicht aufsperren können – es bleibt
nur eine kleine Luke offen.

Unendlich weit aber öffnet sich die Pforte, sobald wir uns
in die Hand nehmen, an uns arbeiten, trainieren wie ein Fuß-
ballprofi, auf dass wir mit unserer gelichteten Persönlichkeit
ganz nahe an die Engel herankommen. Über kurz oder
lang bleiben sie für uns nicht mehr verborgen. Sie sind da
und beglücken uns in jedem Augenblick.

## Das Simile-Gesetz der Engel

Was ist also zu tun, um mit Engeln in Verbindung zu treten? Am besten lässt sich der Kontakt mit den lichtvollen Wesen mit dem Simile-Gesetz der Homöopathie vergleichen: *«Ähnliches wird mit Ähnlichem geheilt.»* Wenn wir mit Engeln eine innige Freundschaft aufbauen möchten, sollten demnach unser Charakter, unser Denken, Reden und Handeln den Engeln ähnlich werden, denn Gleiches zieht Gleiches an.

Gewiss, wir sind Menschen aus Fleisch und Blut und mit Fehlern behaftet. Trotzdem bringt uns eine gewisse Disziplin ganz nahe an sie heran. Es gibt Menschen, die durch ihren vortrefflichen Charakter etwas Engelhaftes ausstrahlen, und bei jeder Begegnung mit ihnen bekommen wir das Gefühl, als ob wir mit Engeln zusammengetroffen wären. Mit unserer lichtvollen, inneren Persönlichkeit ziehen wir

nämlich Engel an, die in unserer Ausstrahlung ihre Lichtschimmer hinterlassen.

Vielleicht bedarf unsere innere Persönlichkeit einer kleinen Ausbildung. Als Erstes müssen wir lernen, unsere Gedanken im Zügel zu halten und von unseren irdischen, banalen «Krämereien» loszulassen.

Insbesondere die positive Gedankenpflege macht uns leicht und beflügelt. Sie lässt uns durch die Luft fliegen und beschwingt uns mit Lebensfreude und Humor. Dunkle Gedanken in unserem Kopf verbannen die Engel und machen uns krank. Wir verlieren zusehends den Spaß am Leben.

Stellen wir uns einmal vor, unsere Gedanken würden sichtbar werden. Was für ein Chaos wäre auf dieser Welt. Wir entdecken, dass sich unsere mentalen Fähigkeiten mächtig und kraftvoll verwirklichen können.

Je nach Beschaffenheit schaffen sie ein Desaster oder den Himmel auf Erden.

Ob Licht oder Dunkelheit: Wir selbst bestimmen die Wirklichkeit. Wenn wir bedenken, welchen Schaden wir uns durch negative Gedanken zuführen: *«Was du säst, wirst du ernten»* – Kummer, Stress, Krankheit, Schwermut, Niedergeschlagenheit, Entwicklungsstillstand, dann sollte es uns nicht schwer fallen, die Ärmel hochzukrempeln, um so rasch wie möglich unseren Hirncomputer mit positiverer Software zu versorgen. Wer mit dem Unrat abfahren möchte, sollte oft sein Seelenfenster putzen und das Negative durch Positives ersetzen. Engel stellen uns hierzu einen Staubsauger zur Verfügung; sie helfen uns die Gedankenwelt zu lichten.

*«Wessen das Herz voll ist, davon läuft es über»*, heißt es im Volksmund. In dieser Hinsicht ist es unvermeidlich, dass wir auch die äußeren Einflüsse, welche oft mit Dunkelheit behaftet sind, in Distanz halten. Denn das, was uns alltäglich von den Medien als Information und Unterhaltung aufge-

tischt wird: Mord, Totschlag, Zerstörung, Krieg, Lug und Betrug, sind nur die Schattenseiten unseres Daseins.

Nebst all den garstigen Ereignissen wird unser Alltag von morgens früh bis abends spät von unendlich vielen kleinen Lichtpunkten erhellt. Wenn wir uns vermehrt auf diese kleinen Freuden des Lebens konzentrieren, finden wir den Ausgleich, die Harmonie und können uns wie ein Sonnyboy durch alle Hindernisse hindurch bewegen. Sicher wird es nicht immer gelingen, doch mit ein bisschen mehr Sorgfalt gegenüber unseren mentalen Fähigkeiten werden wir vieles verbessern können. Und wer sich den Engeln zuwendet, bekommt die Kraft, das Dunkle in Licht umzuwandeln. Lichte Gedanken wirken wie Magnete auf Engel und wir setzen uns auf unseren Schultern riesige Flügel auf. Mit hellem Kopf und lichtem Geist können wir den Sonnenstrahlen des Glücks entgegenfliegen. Der Geist führt und der Körper folgt.

Liebevolle Gedanken sind wie Laserstrahlen, die die ganze Schöpfung erhellen. Liebe strahlt Liebe zurück – das ist ein kosmisches Gesetz. Wir können das Gute wie ein Sämann in unserem Umfeld ausstreuen und das Positive wird in uns keimen und erwachen. Dies ist das Drehbuch unserer Gedankenwelt. Bitten wir die Engel, dass sie als Hüter des Lichts bei uns tätig werden. Und wenn wir hin und wieder stolpern, denken wir daran: Das Leben ist kein abgekartetes Spiel – immer wieder können wir von vorne beginnen. Positiv denken heißt aber auch, aus unserem Schicksal Lehren zu ziehen – dies dient zur Reifung, zur Förderung unserer geistigen Entwicklung. Betrachten wir deshalb alles ein bisschen optimistisch, denn Optimisten leben leichter, gesünder, spaßiger, erfolgreicher und sehen alles in einem positiven Licht, ohne eine rosarote Brille aufgesetzt zu haben. Benützen wir auch so oft wie möglich die Kraft des Lächelns. Lachen versöhnt. Viel Negatives können wir damit

wegzaubern – wie die Delete-Taste des Computers löscht es alles aus. Und schenken wir hin und wieder unserem Engel ein kleines Lächeln – ja, lassen wir frohgemut unsere Gedanken um die Engel kreisen.

## Loslassen und beflügeln

Ein schottisches Sprichwort sagt: *«Engel können durch die Luft fliegen, weil sie sich so leicht nehmen.»* Wer hat sich nicht schon gewünscht, über die Erde schweben zu können. Um mit Engeln in die Luft zu steigen, brauchen wir aber ein leichtes Gepäck. Nur wenn wir loslassen können, setzen wir uns Flügel auf. Durch das Loslassen aller erdrückenden Lasten gewinnen wir die Freiheit. Nur zu oft nehmen wir banale Dinge in unserem Leben viel zu ernst. Wir brüten über Kleinigkeiten, die eigentlich gar nicht so wichtig sind. Unser Denken kreist oft um unser Ego mit Kümmernissen und Sorgen, die uns viel zu schwer machen. Damit werden unser Frohmut, unsere Kreativität und Lebensfreude zerstört – wir sind befangen. Wir müssen das, was wir in unserem Umfeld nicht ändern können, akzeptieren. Genießen wir die glücklicheren Momente, welche uns beschieden sind.

Verbannen wir den Katzenjammer und das Trübsalblasen – reichen wir dem Glück die Hand. Was nützt uns die Vergangenheit, wenn die Wurst schon gebraten ist. Tempi passati – sie kann nicht nochmal aufs Feuer gelegt werden.
Lernen wir spielerischer mit dem Leben umzugehen und reichen wir den Engeln die Hand. Lassen wir uns tragen. Oft sprechen uns die Lichtgeister an: *«Warum verwendest du deine Energie nicht für schönere Momente? Lass die dunklen Wolken im Wirbelwind dahinfliegen. Wir werden dich auffangen, dich umarmen und auf deinen Wegen vorangehen.»*
Benützen wir auch ganz bewusst unseren Atem, um loslassen zu können, und pusten wir allen unnötigen Ballast heraus. Damit beflügeln wir unseren Alltag und wir fühlen uns wirklich frei. Lassen wir es geschehen, um zu gewinnen. Dies bedeutet aber nicht, dass wir als Larifari durchs Leben treiben müssen. Wir sollten nur den tierischen Ernst ablegen und unsere Probleme nicht festhalten, bis sie uns erdrücken.

33

Loslassen heißt aber auch, von den täglichen Beeinflussungen, die unserer Seele mehr schaden als nützen, Abstand zu nehmen. Was uns oft als Information und Unterhaltung vorgegaukelt wird, ist nicht das wahre Leben – sind eher nur Seifenblasen, die bald zerplatzen. Lassen wir ruhig die Spatzen von den Dächern pfeifen und suchen wir unseren eigenen Weg, der uns von Engeln beleuchtet wird. Nur so lernen wir das Leben als eine Herausforderung zu begreifen, begleitet durch das Entzückende in der Natur, in Kunst, Musik, Literatur und in der Stille.

Spontan tritt Frohmut auf den Plan, unsere Gesichtszüge entspannen sich und machen dem unbeschwerten Lächeln Platz. Dieses beschwingte Lächeln darf auf unserer Erde nicht aussterben. Mit ihm reinigen wir unsere Atmosphäre.

## Engel sind Spaßmacher

Wer glaubt, Engel seien tierisch ernste Gesellen, ist völlig im Irrtum. Engel sind nicht down gestimmt, sondern lustig und beschwingt wie die zwitschernden Vögel im Bambuswald. Humor und Spaß ist das Erste, was wir in der Begegnung mit den lichtvollen Wesen erfahren können. Wer sie sucht, erlebt sie als die größten Spaßmacher, die wir uns vorstellen können. Sie lernen uns die Freude und den Humor in unsere spirituelle Entwicklung einzubauen. Wo finstere Miene, Trockenheit, Starrheit, Enge, Fanatismus und Unvernunft herrschen, sind nicht Engel am Werk. Engel machen keine großen Umstände. Ihre Flügel schweben frei durch die Luft und sind jedem zugetan. Sie mögen uns, so wie wir sind, und verleihen unserem Dasein eine glückliche, humorvolle Note.

Bitten wir also die «Spaßengel» herbei, gerade in jenen Momenten, wo uns die Hektik im Alltag zu erdrücken droht. Sagen wir unserem Engel: «Ich bin bereit, mit dir zu spaßen, mit dir ein richtiges Kabarett zu veranstalten.» Wir werden uns wundern, mit was für einer vergnüglichen Aufführung er uns überrascht.

Häufig leitet er uns an, über uns selbst zu lachen. Er zeigt uns, wie grotesk wir uns verhalten, dass wir darüber ins Schmunzeln geraten. Sagt doch ein altes jüdisches Sprichwort: *«Der Mensch denkt und Gott lacht.»*

Gehen wir also den Engeln mit Freude und Humor entgegen.

《Ich bin dein Engel, der zu dir herabsteigt,
um dich und die Deinen zu segnen
und eure Augen strahlend zu machen.
Setz dich auf meine Flügel.》

## Echter Humor gründet auf Frieden und Verzeihen

Wer sich zu den Engeln erhebt, wird erleben, dass sich das Dunkle in unserem Dasein in Licht umwandelt, vorausgesetzt, wir sind im Frieden mit uns selbst.

Solange wir Menschen sind, machen wir Fehler. Jeder hat damit zu kämpfen. Wie bei einer Fieberkurve erleben wir Höhen und Tiefen. Wenn wir bei diesem Auf und Ab eine Mittellinie ziehen, sollte sie bei einem geistig ausgerichteten Menschen leicht ansteigend verlaufen. Wir dürfen also Fehler machen und Lehren daraus ziehen, aber die Abstürze sollten sich immer mehr verringern. Folglich werden wir langsam, Stufe um Stufe, dem Licht entgegengehen.

In dieser Entfaltung müssen wir uns selber immer wieder verzeihen, denn niemand ist perfekt, ohne Fehl und Tadel. Gleiches gilt ebenso für unsere Mitmenschen. Auch sie befinden sich auf dem Pfad der geistigen Entwicklung, die leider Gottes mit Fehlern und Unzulänglichkeiten behaftet ist. Es sollte uns deshalb nicht schwer fallen, unserem Nächsten zu vergeben, beten wir doch: «Vergib uns unsere Schuld, wie auch wir vergeben unseren Schuldigern.»

Solange wir aber die Fehler unserer Mitmenschen mit der Lupe vergrößern, erfahren wir nie das befreiende, erlösende Gefühl des Verzeihens – wir bleiben in verstrickten Knoten haften.

Wir dürfen Engel herbeibitten, wenn es uns schwer fällt, Vergebung zu üben. Sie werden in unserem Herzen eine Flamme entzünden, welche uns aus der Enge zieht. Gestützt auf den inneren Frieden, der durch das Verzeihen in uns erwacht, finden wir die wahre Freude. Wir fühlen uns frei und nichts wird uns mehr belasten. Lichtgeister werden an uns herantreten – wir werden sie unmissverständlich spüren.

Gebet des hl. Franziskus

*Herr, mach mich zu einem Werkzeug des Friedens.*
*Wo es Hass gibt, da lass mich Liebe sein.*
*Wo es Verletzung gibt, Verzeihung.*
*Wo Zweifel sind, Vertrauen.*
*Wo Verzweiflung ist, Hoffnung.*
*Wo Dunkelheit herrscht, Licht.*
*Und wo Traurigkeit ist, Freude.*
*Gib mir, dass ich nicht danach trachte,*
*getröstet zu werden,*
*denn selbst zu trösten;*
*verstanden zu werden,*
*denn zu verstehen;*
*geliebt zu werden,*
*denn zu lieben.*
*Denn wenn wir geben, empfangen wir –*
*wenn wir verzeihen, wird uns verziehen.*

## Engel spüren und empfinden

Engel zu spüren und zu empfinden ist ein Zustand, eine geistige Entwicklung, die wir uns selbst erarbeiten können. Es ist ein unbeschreibliches Hochgefühl, ein einzigartiges Abenteuer – eine Herausforderung für jeden Menschen. In diesem Empfinden wird uns das Leben zum Geschenk. Ja, Engel können ihre Hände behutsam auf unsere Schultern legen, sie können uns mit einem Duft nach Rosen oder Jasmin betören; wir können ihren Windhauch in unserem Herzen verspüren; die lichtvollen Wesen können dicht neben uns stehen.

Es ist gar nicht so schwer, sich auf Engel einzustimmen. Jedoch erscheinen sie nicht mit Trari und Trara, mit Fanfaren und Getöse, sondern still und zart. Marc Chagall berichtete 1921: *«Plötzlich öffnet sich die Zimmerdecke und ein geflügeltes Wesen schwebt hernieder mit Glanz und Gepräge und erfüllt das Zimmer mit wogendem Dunst. Es rauschen die schleifenden Flügel. Ein Engel! denke ich. Ich kann die Augen nicht öffnen, es ist zu hell, zu gleißend. Nachdem er alles durchschweift hat, steigt er empor und entschwindet durch den Spalt der Decke, nimmt alles Licht und Himmelblau mit sich fort. Dunkel ist wieder. Ich erwache.»*

Immerzu hinterlassen die Engel in unserem Denken und Fühlen ihre Lichtspuren. Ja, sie weben Bilder in unsere Seele ein, die uns zur Entwicklung führen. Die Lichtboten öffnen unser Bewusstsein und schlüpfen in unsere Gedanken und Träume hinein. Engel leiten uns an, nach innen zu horchen und die Lichtnatur in uns zu entdecken. Sie spornen uns an, mitzuhelfen, um den Himmel auf Erden zu verwirklichen. Das Fühlen ist eine leise innere Stimme, eine Inspiration, eine Vision. Diese Stimme ist eine Macht zum Guten, wie Mahatma Gandhi formulierte: *«Den einzigen Tyrannen in dieser Welt, den ich akzeptiere, ist die leise innere Stimme.»*

Wir erleben die Engel in einer Zwiesprache mit gewaltigen Auswirkungen. So schrieb die hl. Hildegard von Bingen: *«Ein Wort, das dir ein Engel in dein eigenes Herz gelegt hat, ist für deine Seele heilsamer als tausend Worte, durch das Ohr von außen her vernommen. Das Wort, das du im Herzen vernimmst, ist schon dein Eigentum.»*

## Das Engelstagebuch

Obschon es schwierig ist, Gefühle, Schwingungen, Inspirationen und Visionen von Engeln in Worte zu fassen, weil uns dazu der richtige Sprachschatz fehlt, ist es von Nutzen, wenn wir die Zwiesprache zu den lichtvollen Geistern in einem Engelstagebuch aufzeichnen. Damit errichten wir zu den himmlischen Wesen eine tragfähige Brücke. Von Monat zu Monat, von Jahr zu Jahr erstellen wir damit eine überprüfbare Biografie unserer geistigen Entwicklung. Wir können in Absprache mit unserem Schutzengel die Zukunft programmieren, sie vorbereiten und visualisieren. Halten wir aber die Eintragungen leicht und beschwingt, bespickt mit vielen Freuden des Alltags und in frohem Dialog mit den Engeln. Negative Dinge haben keinen Platz, weil sie den Brückenschlag zu den Himmelsboten verdunkeln.

Wir können sogar auf unserem Heimcomputer eine spezielle Seite einrichten, auf der wir uns immerfort mit den Engeln unterhalten. Vergessen wir aber nicht, die Eintragungsdaten zu vermerken. Beim späteren Durchlesen werden wir nämlich entdecken, dass die Lichtgeister selbst in unserem Tagebuch ihre Spuren hinterlassen. Wir finden Aufzeichnungen, die nicht aus unserem Bewusstsein stammen, und stellen fest, dass Lichtboten über uns die Flügel ausgebreitet haben. Der Briefkontakt mit den Engeln ist eine ausgezeichnete Möglichkeit, sich noch enger und tiefer mit ihnen zu verbinden. Schreiben wir ihnen wie einem engen Freund.

Vergessen wir aber nicht, unseren Engeln, die uns leiten und für uns sorgen, immer wieder aus tiefstem Herzen zu danken.

Und wenn uns einmal ein Problem beschäftigt, geben wir unserem Schutzengel eine schriftliche Nachricht.

Anschließend legen wir das Schriftstück an einen speziellen Platz, z.B. an jene Stelle, wo wir eine Engelsfigur aufgestellt haben. Dort lassen wir den Brief eine Zeit lang unbekümmert liegen und nehmen die Engelspost erst nach ein paar Wochen wieder hervor. Beim erneuten Durchlesen werden wir erstaunt sein, dass unser Schutzengel das Problem ohne großes Aufsehen durch glückliche Fügung bereits gelöst hat. Ja, wenn wir Engeln etwas anvertrauen, werden wir erleben, dass wir früher oder später eine Antwort bekommen. Folglich schreiben wir einen neuen Brief, einen Dankesbrief.

## Der Engelsbrief

Lieber Schutzengel!
Wie schön, dass es dich gibt! Ich möchte dich nicht mehr
missen. Ein Leben ohne deine mich umarmenden Flügel
kann ich mir gar nicht mehr vorstellen. Ich brauche dich
und bin dir immer zugetan. Wie oft schon habe ich deine
Hände auf meinen Schultern verspürt. Wie oft schon hast
du mich mit Liebe und Wärme berührt. Wie oft schon bist
du mir plötzlich im Alltag mit deinem sanften Windhauch
begegnet und hast mich mit deinem himmlischen Duft
überrascht. Ich weiß, dass du mich magst, so wie ich bin.
Ich weiß aber auch, dass du dir nichts Sehnlicheres wün-
schest, bis ich ganz nah bei dir bin. Wir gehören zusammen
und sind unzertrennlich. Du bist mein bester Freund, dem
ich alles anvertrauen kann. Du begleitest mich Stufe um
Stufe in deine lichten Sphären. Deine Hände, die du über

mich hältst, geben mir Sicherheit und Kraft. Alles wird gut.
Deine Flügel machen mich leicht und beglücken mich mit
Frohmut und Heiterkeit.
Ich sehe dich ganz klar vor mir, wie du liebevoll lächelst
und mich zärtlich umarmst. Du umgibst mich mit einer
Wolke von Liebe. Du erwärmst mich und die Meinen mit
deiner immer währenden Nähe. Bleib bei mir! Ich danke
dir von ganzem Herzen.
Datum ..............                          Dein Schützling

## Spiel mit Engeln

Nicht nur wir Menschen, sondern auch die Engel sind spielerisch veranlagt. Wir können mit den Lichtboten jederzeit eine kleine Olympiade veranstalten. Gerade in jenen Momenten, in denen uns der tägliche Trott des Alltags aufzuzehren droht, können wir dem Pläsier mit den Himmelsboten freien Lauf lassen. Hierzu eignen sich am besten Engelskarten, wie sie im Buchhandel erhältlich sind. Diese Engelskarten sind gute Hilfsmittel, um in der Verbindung zu den Lichtgeistern einen guten Faden zu finden. Insbesondere bei Problemen und Sorgen lenken sie unsere Gedanken in lichtvollere Bahnen. Mit den gezogenen Karten werden wir von den Engeln zum Guten angesprochen und sie beflügeln uns. Doch man sollte sie nicht zu häufig benutzen, nur in speziellen Situationen, wenn uns ein Problem beschäftigt oder wenn wir Heimweh zu den Lichtboten verspüren.

Nach jeder gezogenen Karte sollten wir uns dann in die Stille zurückziehen und über den Sinn der Aussage meditieren. Allerdings nicht mit intellektuellem Verstand und innerlicher Verkrampfung, sondern gelöst, entspannt und beschwingt lassen wir die Worte und Bilder in unsere Seele einfließen. Oft fühlen wir uns durch die gezogene Karte angesprochen und sind bereit, unsere eigenen Flügel zu öffnen.

Engelskarten sind oft kein Zufall. Selbst der Psychologe C.G. Jung konnte feststellen, dass eine scheinbar zufällige Handlung, wie das Ziehen einer Karte, dem Menschen ein tiefes, intuitives Verstehen von Ereignissen in seinem Leben bescheren kann.

«Ich bin dein Engel, der zu dir herabsteigt,
um dich in Licht einzuhüllen
und dich innerlich zu wandeln.
Vertraue mir!»

## Wanderung in die Stille

Der Weg zu den Engeln ist ein Pfad in die Stille. Wer ein
Wandergeselle ist, weiß, wie erquickend ein Streifzug schwer
beschuht über Stock und Stein hinaus in die Einsamkeit
der Natur sein kann. Schritt für Schritt laden wir auf dem
Pfad durch die Säulenhallen der Wälder, über Bergfluren
oder quer durch die Auen den oft sorgenvollen Ballast
unserer Seele ab. Lieblich strahlt uns die Sonne mitten ins
Gesicht, der Atem wird heller und der Schritt länger. Alles
in der Natur lehrt uns, still, ruhig und gelassen zu werden.
Ja, sie fordert uns auf, uns in uns zurückzuziehen, zu horchen, zu lauschen und zu schweigen. Nichts ist für uns
Menschen wichtiger als die totale Entspannung, eine Leere,
die eigentlich innere Fülle ist.
Gelingt es auch uns, diesen Hauch des Friedens der Natur
in uns einströmen zu lassen? Können auch wir einfach

ruhig werden und uns diesem entspannten Atmen der Landschaft überlassen? Vielleicht spüren wir dann unseren eigenen Atem der Seele, das Einatmen und Ausatmen, das Erfülltwerden und das Leerwerden. Vergleichbar einer wunderschönen Blüte, die ihren Kelch den Strahlen der Sonne entgegenstreckt, können auch wir uns in unserem Innern öffnen und ausbreiten. Dieses glanzvolle Verhalten vollzieht sich in der Natur von morgens früh bis abends spät – der Baum, die Blume, der Grashalm, sie alle kennen nur einen Weg: dem Licht entgegen. Jedes Geschöpf weiß, je mehr es sich von diesem Weg abwendet, umso schneller ist es dem Untergang geweiht. Eigenwillig in die falsche Richtung zu gehen, lohnt sich nicht. Wandern wir also in die Stille mit den Engeln an der Hand.

Still dasitzen und warten. Das Licht durch den Raum streifen lassen, ausharren können, weil es auf das äußere Sehen nicht mehr ankommt. Wieder Horchender, ein Hörender

werden. Das ist nicht leicht, da wir von zu viel Lärm umgeben sind und auch selber oft zu viel Lärm produzieren. Pausenlos sind wir im Alltag in Beschlag genommen, unaufhörlich stürzen Eindrücke auf uns ein. Fernsehprogramme, Telefonanrufe, Gespräche am runden Tisch, Radio und Zeitungen wechseln einander ab. Und wenn wir wirklich einmal alleine sind, jagen uns die eigenen Erinnerungen und Zukunftsträume von einem Bild zum andern. Nichts ist mehr ruhig im Innern des Menschen; nichts Gelassenes und Schweigsames trägt er in seiner Seele. Wie von einem Sklavenhändler angetrieben, stürzt er sich von einer Seifenblase zur anderen. Dabei opfert er die Stille seiner inneren Persönlichkeit.

Fast scheint es, dass der heutige zivilisierte Mensch die Stille, die absolute Lautlosigkeit überhaupt nicht mehr ertragen kann. Erst unter Einwirkung einer ständigen Geräuschkulisse fühlen sich viele Zeitgenossen wirklich wohl. Man kann

sogar die Lärmfreudigkeit als ein Stigma unseres Jahrhunderts bezeichnen. Unwillkürlich bekommt man den Eindruck, dass der Mangel an Ruhe durch eine akustisch chaotische Dauerberieselung kompensiert wird. Die heulenden und kreischenden Musikgruppen, die betörend aufwühlende Technoszene, die knatternden Motorräder usw. usf. – all dies lässt erkennen, wie dringend wir eigentlich der Ruhe bedürfen.

Ist unser Alltag noch so voll Getriebe, ziehen wir uns zurück ins schweigende Paradies der Stille. Es sollte unsere Aufgabe sein, das Geheimnis der inneren Ruhe, die Innenschau zu erlernen. Wir brauchen dazu weder okkulte Kenntnisse zu besitzen noch psychische Kräfte zu züchten, brauchen nicht imstande zu sein, unseren Körper zu verlassen und höhere Ebenen aufzusuchen, brauchen weder in Trance zu fallen, in Ekstase zu geraten noch unserem Wesen Gewalt anzutun. Alle komplizierten, seltsamen, okkulten Praktiken

und Geheimlehren können beiseite geschoben werden. Das innere Leben finden wir durch einfaches Lauschen, im Schweigen des Mundes, der Gedanken und der Wünsche. Indem wir uns von Zeit zu Zeit in die Stille zurückziehen, uns den äußeren Dingen entrücken, uns gänzlich dem Schweigen hingeben, gelangen wir zu einer inneren Quelle, die von Licht erfüllt ist. Wie sagte doch Mahatma Gandhi: *«Die Seele braucht Ruhe, um zu ihrer vollen Größe gelangen zu können.»*

Ruhig werden heißt aber auch, unsere eigenen Begierden und selbstbestimmten Ziele abzubauen, das mächtige Ego auf dem Altar unserer Seele zu entthronen, auf dass wir die Stimme unseres Engels erfahren.

Unsere Engel lieben es, ihre Stimme schlichten, hellhörigen, ruhigen und liebenswerten Seelen zuzuwenden, denn in den selbstgerechten, ichsüchtigen, auf Wohlleben und Bequemlichkeit erpichten Menschen finden sie keinen Widerhall.

Ist unsere Innenwelt von Eigenwille und Unruhe beherrscht, können wir wohl kaum die Stimme des Engels in uns vernehmen. Ebenso wenn der Kopf mit Gedanken überfüllt ist und wir nie gelernt haben, uns leer zu machen, abzuschalten, können wir schwerlich die inspirierenden Eindrücke einer höheren Welt erfahren. Die Engelsstimme ist unendlich leise und zart und darf nicht vom menschlichen Verstand verdrängt werden. Schlagen wir dieser Stimme nichts ab, worum sie uns bittet, und suchen wir das Glück und den Frieden nicht irgendwo, sondern in uns. Wenn wir die Seele zur Ruhe bringen wie einen stillen See, der des Nachts auf der kräuselnden Wasseroberfläche die Sterne widerspiegelt, so wird sich der Himmel in uns offenbaren. Allein schweigend können wir den Engeln näher kommen, wie Mahatma Gandhi formulierte: «Wenn wir auf die leise Stimme hören wollen, die immer zu uns spricht, werden wir sie nicht verstehen können, wenn wir selbst ständig reden.»

Es sollte für uns ein Bedürfnis werden, keinen Tag vergehen zu lassen, ohne dass wir einige Minuten ruhig und still mit den Engeln verweilen. So entpuppt sich die innere schweigsame Landschaft des Menschen als eine überdimensionale Kulisse, in der Scharen von Engeln kreisen. Wir sind bereit, ihnen in der Meditation zu begegnen.

## Meditation, die erlebbare Engelsnähe

Meditation ist eine Versenkung, ein Sich-Fallen-Lassen in die weit ausgestreckten Arme der Engel. Sie ist eine in die Tat umgesetzte Sehnsucht, Engel intensiver zu erfahren und von ihrer lichtvollen Ausstrahlung in der Stille und Ruhe berührt zu werden. Meditation darf aber nicht als eine raketenhafte Himmelfahrt verstanden werden, sondern als ein Zurückziehen von der äußeren Welt zum Wirkungsort des Engels. Diese meditative Brücke zu den himmlischen Heerscharen hinterlässt in unserem Denken, Fühlen und Handeln sichtbare Spuren. Sie führt uns himmelwärts. Wir werden von Licht umgeben und können uns davon wie ein Schwamm voll saugen. Unser Geist wird geläutert und die Entwicklung der inneren Persönlichkeit vorangeführt. Meditation bringt Erkenntnis, Erleuchtung, Stärkung und Heilung. Probleme werden gelöst, Wunden geheilt, Krank-

heiten überwunden, Leiden ertragen, Schmerzen gelindert – wir sind eingebettet im Licht der Unendlichkeit wie ein Wassertropfen im großen Ozean.

Die Meditation darf aber nicht eigennützig auf unser eigenes Wohl ausgerichtet sein. Wenn wir uns in der Versenkung lichtvollen Energien zuwenden, können wir die gewonnene geistige Kraft in liebevoller Hingabe anderen Menschen, Kranken, Leidenden, vom Schicksal Geprüften, unseren Bekannten und Angehörigen zuführen. Im Verschenken dieser unsichtbaren und doch machtvollen Kraft sind uns keine Grenzen gesetzt. Vieles kann dadurch in lichtvolle Bahnen gerückt werden.

Dieses wünschenswerte Ziel erreichen wir nur in der Gedankenstille. Unser Denken und Fühlen müssen unter Kontrolle gebracht werden. Der wahren Meditation geht die Beherrschung der Konzentration voraus, ansonsten wir wie ein Schiff ohne Segel auf hoher See umhertreiben. Jede

Zerstreuung und alle ungewollten Eindrücke des Alltags sollten abgestreift werden, ohne dass wir uns weder innerlich noch äußerlich verkrampfen. Pusten wir unseren Kopf frei von allen störenden Gedanken. Fremde, störende Einflüsse sollten ausgelöscht werden, wie die Delete-Taste des Computers Unerwünschtes auf einen Schlag zum Verschwinden bringt. Dies ist zwar nicht immer leicht, doch die tägliche Übung bringt uns voran. Um in der Meditation den Zustand jenseits des unkontrollierten Denkens erreichen zu können, müssen wir stetig an uns arbeiten. Wenn es uns schwer fällt, stehen uns Kontemplationsengel in Scharen zur Seite, die uns auf dem mühsamen Weg zur Gedankenstille behilflich sind.

Natürlich sollten auch wir unseren eigenen Beitrag beisteuern. Wir können uns gewisse Techniken zu Hilfe nehmen. Atemübungen sind in dieser Beziehung von großem Nutzen. Wir legen uns hin und versuchen während zehn tiefen und entspannten Atemzügen an nichts zu denken. Haben wir es geschafft, probieren wir mit fünfzehn, dann zwanzig und mehr Atemzügen.

Eine Alternative sind Betrachtungsübungen, die wir sogar in freien Minuten ausführen können. Dabei betrachten wir für eine gewisse Zeit eine Blume, eine Kerze, einen Kristall, ein schönes Bild, eine ruhige Landschaft usw., und wenn es uns gelingt, ohne Gedanken auszuharren, werden wir bald von einem wunderbaren Gefühl der Ruhe durchströmt. Später verlängern wir die Zeitdauer auf fünf bis zehn Minuten, womit wir die gelöste und entspannte Konzentration immer mehr unter Kontrolle bringen.

Dieselbe Wirkung erreichen wir auch, wenn wir, ohne mit den Gedanken abzuschweifen, intensiv einer schönen Musik lauschen können. Haben wir den entspannten Zustand erlangt, sind wir für die Engelsmeditationen bereit.

Der Grundgedanke der Engelsmeditation sind die Engel

selbst. Wir lassen uns in geübter Konzentration in ihre Arme fallen und übergeben uns ganz ihrer Führung. Legen wir uns mit einem Nackenkissen auf den Boden eines eigens harmonisch eingerichteten Raumes. Während wir schöne Musik abspielen und Duftkerzen anzünden oder Weihrauch verglühen, schließen wir die Augen und halten die Handflächen entspannt nach oben gerichtet. Die ruhige und freie Atmung ist der Schlüssel zur Meditation. Der Rhythmus darf aber nicht von unserem Verstand gelenkt werden. Wir überlassen uns der unbewussten Atmung und werden von Minute zu Minute immer ruhiger, bis wir letztlich unseren Körper nicht mehr spüren. Wir glauben zu schweben oder von einer angenehmen Wärme durchströmt zu werden. Vielleicht sehen wir Licht oder Farben vor unseren Augen – lassen wir es geschehen und folgen wir unserem Herzen, welches ganz und gar auf die Engel gerichtet ist. Sie werden an uns herantreten in jenem

Ausmaß, wie es unser Zustand ertragen kann. Erwarten wir aber keine überschwänglichen Erlebnisse, Ekstasen, Verzückungen oder Entrückungen. Das Engelslicht, das uns entgegenkommt, ist etwas ganz Natürliches, von Liebe und Glanz umgeben, welches uns wahrhaft glücklich und zufrieden macht. Stellen wir uns vor, wie die Engel uns berühren und heilende Kräfte, Ruhe und Frieden aussenden. Fühlen wir, wie Lichtboten den ganzen Körper durchstrahlen, die Aura reinigen und negative Spannungen auflösen. Atmen wir die lichte Schwingung in unsere Seele ein. Wenn wir uns in unser inneres Heiligtum zurückziehen, fliegen wir mit den Engeln davon und haben oft Mühe, wieder auf den irdischen Boden zurückzukehren. Einmal gelandet, sind wir nicht mehr derselbe Mensch, denn wir haben die wahren Freunde, unsere Engel, gefunden.

Was gibt es mehr!

《Ich bin dein Engel, der zu dir herabsteigt,
um dich mit meinen Flügeln zu umarmen,
dir Frieden und Schutz zu verleihen.
Spürst du mich?》

## Engel lichten unsere Gedanken

Engelsbegegnungen sind Geschenke des Himmels, denen
wir Sorge tragen müssen, damit sie uns erhalten bleiben.
Diese Erlebnisse sollten wir sorgsam hüten wie eine kost-
bare Perle und kein großes Aufheben darüber machen. Die
still erlebte Kommunikation ist ein kleines Geheimnis, ein
Winkel in unserem Herzen, zu dem nur die Lichtboten
Zugang haben. Wer prahlt und sich wichtig macht, verliert
die Gnade und muss mühsam wieder von vorne beginnen.
Engelskontakte sind aber nur möglich, wenn unsere Gedankenwelt gelichtet ist, das heißt, der Weg zu den Engeln
ist mit einer geistigen Zielsetzung verbunden. In lichten
Sphären existieren nur lichte Gedanken. Und wo Licht ist,
da ist auch das Licht der Engel. Deshalb ist es für uns kein
Muss, sondern ein tiefes Bedürfnis, dass wir unsere Gedanken
zum Licht emporschwingen. Alles ist Schwingung und

Gleiches zieht Gleiches an. Wo gute Gedanken walten, da breiten Engel ihre Flügel aus und wir werden von ihrem Windhauch berührt. Durch die Pflege des positiven Denkens verändert sich unsere Ausstrahlung. Wir werden fröhlicher, glücklicher, zufriedener, freundlicher, liebevoller, sympathischer, feinfühliger, humorvoller, friedlicher, lockerer und unbeschwerter und können damit unser ganzes Umfeld verwandeln. Alles wendet sich zum Guten.

Allein, wenn wir uns mit den Engeln beschäftigen, lichten sich unsere Gedanken und wir lassen uns von geistigen Sonnen erhellen. Engel entfalten sich aber nicht nur im Kopf, sondern auch im Herzen. Unser Denken sollte vom Herzen gesteuert sein, aus jenem Zentrum, wo das wahre Glück verborgen liegt. Heißt es doch: «Suche das Himmelreich nicht irgendwo, sondern in dir», also im Herzen.

Wenn wir uns eine glücklichere, schönere Welt wünschen, müssen wir sie mit unseren Gedanken erbauen. Die größte Fähigkeit, die wir als Menschen besitzen, besteht darin, dass wir unser Leben durch unsere Gedanken verändern können. Lichte Gedanken sind lebendige Kräfte, Energieströme mit realer Wirkung. Gute Gedanken wirken schöpferisch. Was wir heute denken, wird sich morgen verwirklichen. Wir sind die Baumeister unseres Schicksals. Niemand kann von sich sagen, ich bin zu alt, um mit dem positiven Denken zu beginnen. Wir können den alten Tempel in uns niederreißen und innert Tagen einen neuen aufbauen. Überprüfen wir also jeden Tag unsere Gedankenwelt und ziehen wir Bilanz, ob unser Sein von Licht oder Dunkelheit beherrscht wird.

Stehen wir mit Engeln in Verbindung, brauchen wir uns um negative Dinge nicht zu kümmern. Engel führen und leiten uns zum Guten. Mit ihren Flügeln durchlüften sie unseren Kopf und pusten allen Staub aus uns hinaus. Sie befreien uns aus der Enge der Traurigkeit, von Trübsal und Katzenjammer.

Oft sind wir unserer Gedanken gar nicht richtig bewusst. Leichtsinnig denken wir in den Tag hinein und werden vom Strom der Zeit in Besitz genommen. Dabei sammelt sich in uns mancher Unrat und Gerümpel an, der ausgemistet werden muss. Häufig gehen wir unbekümmert mit unseren Gedanken um und werden dabei wie ein steuerloses Schiff umhergetrieben. Nicht selten verletzen wir unsere Mitmenschen mit unserem unbeherrschten Denken in der Ansicht, dass es der andere nicht spüren wird. Viel Leid wird durch unsere Gedankenlosigkeit, durch Mangel an Verständnis und Einfühlungsvermögen verursacht. Wären aber unsere Gedanken hör- oder sichtbar, würden wir erschrecken und uns an der Hand nehmen. Wir würden erkennen, dass unser negatives Denken Verursacher ist für viele Konflikte, Feindseligkeiten und streitsüchtigen Auseinandersetzungen. Es ist wie ein sprühendes Feuer, das sich durch das Negative entfacht und uns selbst in Mitleidenschaft zieht. Wenn wir also in Schicksal, Kummer, Misserfolg und Streit verstrickt sind, sollten wir überprüfen, ob der Funken nicht in unserem Denken entfacht wurde. Löschen wir die Glut mit dem Schweigen der Sinne und der Zunge. Ersetzen wir alles Negative mit guten Gedanken und Worten. Allein dadurch werden wir erfahren, dass alles Dunkle durch Licht aufgelöst und entkräftet wird.

Wir müssen also ständig an uns arbeiten. Halbheiten haben auf dem Weg zu den Engeln keinen Platz. Benutzen wir unsere Gedanken, um Frieden und Harmonie in unserer Umgebung und in uns selbst zu schaffen. Streuen wir die gute Saat wie ein Sämann auf den Ackerboden unserer geistigen Entwicklung. Sobald ein schlechter Gedanke aufkommt, stellen wir ihm einen guten entgegen.

Immer wieder sollten wir innehalten, unser Denken ins Bad der Ruhe und des Friedens tauchen. Wollen wir in uns das Licht entfachen, müssen wir die Gedanken zum Guten hin-

wenden. Nichts ist leichter als das! Begeben wir uns in die Vorratskammer der Natur, wo unser Denken von der Schönheit der Schöpfung entzückt wird. Entdecken wir die glitzernden Tautropfen des grünen Blattwerks, die künstlerischen Gebilde von Eis und Schnee, den Duft und die Schönheit zauberhafter Blüten, die feierliche Röte des Morgengrauens, das nächtliche Spiel glitzernder Sterne, und prägen wir alle Eindrücke in unserer Seele ein. Diese glücklichen Momente können wir immer wieder an unserem geistigen Auge vorüberziehen lassen. Sie wirken wie Balsam auf unser Gemüt, und viele Dinge gehen uns leichter von der Hand. In uns erwacht eine neue Welt, in der das Gute sich augenblicklich verwirklicht. Das Leben gerät in Bewegung, unsere Aura lichtet sich. Freundschaften bauen sich auf und auch unser Wohlbefinden wird vom inneren Glück erfasst. So wie wir denken, werden wir sein, gesünder, glücklicher, erfolgreicher, dankbarer, zuversichtlicher,

optimistischer, lockerer, freier. So wie wir denken, so strahlen wir aus, und die Engel werden an uns herantreten, sich bei uns wohl fühlen. Es geht aufwärts dem Licht entgegen.

## Engel lehren uns beten

Wenn wir vom Wunsch beseelt sind, den Engeln entgegen-
zugehen, sollten wir wissen, dass wir ohne lichte Gedanken
und ohne Gebete nichts erreichen werden. Das tägliche
Gebet vermittelt uns Kraft, stärkt die Ausdauer und trainiert
unsere geistigen Muskeln. Es löst das Düstere auf und
macht uns federleicht. Beten beschwingt unsere Seele, befreit sie von erdrückenden Belastungen – wir setzen uns
Flügel auf. Beten ist eine unerlässliche geistige Handlung,
die uns zum Licht führt. Es ist der Baumeister unserer
geistigen Entwicklung. Die Temperatur unserer Innenwelt
wird gesteigert und unsere Aura beginnt zu strahlen. Bei
jedem Gebet ziehen wir Engel an; wir rücken in Gottes
Nähe und bringen Segen und Erfüllung auf uns herab. Es
ist ein Verlangen der Seele, die wie die Sonnenblume sich
dem Licht zuwendet.

Das Gebet hinterlässt lichte Spuren in unserer Gedankenwelt und alles Negative fällt wie Schuppen von uns herab.
Selbst gute Gedanken sind Wegbereiter des Gebetes, in der
Tat ein «Beten ohne Unterlass». Wer sich zu den Engeln
hingezogen fühlt, weiß, dass er nur durch das Gebet den
himmlischen Heerscharen entgegenfliegen kann. Gebete
sind wie dichte Wolken, die uns höher tragen. Ein warmes
Gefühl bemächtigt sich unser und es wird uns bewusst, dass
Gebete eine unermessliche Kraft besitzen.
Beten ist eine Macht, mit der wir unsere Welt zum Guten
verändern können. Mahatma Gandhi sagte: «*Gebet ist das
einzige Mittel, um Ordnung, Frieden und Ruhe in unser tägliches
Handeln zu bringen.*» Heute noch bewundern wir sein
Wirken, mit dem er trotz großer Bedrohung die schwierigsten Konflikte zu verändern vermochte. Sein Leben war
geprägt von der Erkenntnis: «*Ohne Gebet kein Frieden.*»
Um seinem Beispiel zu folgen, sind wir aufgerufen, alle

Waffen niederzulegen und die «schlechte Laune der Welt» mit Gebeten auszusöhnen. Gandhis Worte sind unsere Wegweiser: *«Ein Mensch des Gebetes ist im Frieden mit sich selbst und mit der ganzen Welt.»*

*«Arbeite im Geiste des Gebetes!»*, dieser Satz stammt vom berühmten Physiker Ampère, dessen Name auf jedem elektrischen Gerät verewigt ist. *«Studiere die Dinge dieser Welt, dies ist deine Standespflicht. Aber betrachte sie nur mit einem Auge, das andere sei beständig auf das ewige Licht gerichtet. Höre die Gelehrten an! Aber höre sie nur mit einem Ohr, das andere sei stets bereit, die süßen Laute der Stimme deines himmlischen Freundes zu vernehmen.»*

Durch das Gebet verwirklichen wir wahre Höchstleistungen, wie Mutter Teresa es während Jahrzehnten bewies. In den Slums von Bombay arbeitete sie bis zu 20 Stunden am Tag und benötigte keine Aufputsch- oder Stärkungsmittel. Die einzige Medizin, die sie für ihr bewundernswer-

tes Wirken brauchte, war das tägliche Gebet. «Beten», so sagte sie, *«schützt mich sogar vor ansteckenden Krankheiten, die in den Armutsvierteln Indiens auf mich lauern.»*

Entsprechend beeindruckend ist die Aussage des französischen Nobelpreisträgers Alexis Carell: *«Beten ist eine ebenso wirkliche Kraft wie die Schwerkraft der Erde. Ich habe als Arzt erlebt, wie Menschen, bei denen jede andere Behandlung versagt hatte, durch die stille Macht des Gebetes aus Krankheit und Trübsal emporgehoben wurden. Es ist die einzige Macht der Welt, die anscheinend die so genannten ‹Naturgesetze› überwinden kann.»*

All diese Beispiele veranlassen uns, der Kraft des Gebetes mehr Beachtung zu schenken und dem Vorbild von Mahatma Gandhi zu folgen: *«Beginne deinen Tag mit einem Gebet und lege so viel Inbrunst hinein, dass die Wirkung bis zum Abend anhält.»*

Gandhi mahnte: *«Nur – welche Form du auch wählst – darfst du es nicht zulassen, dass der Geist umherwandert, während dein*

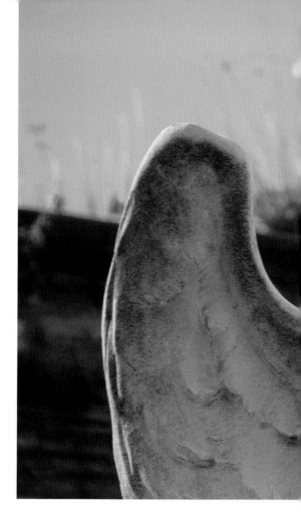

*Mund Worte des Gebetes ausspricht. Beim Beten ist es besser, ein Herz ohne Worte zu haben, als Worte, die nicht vom Herzen kommen. Es soll eine klare Antwort sein auf den Hunger des Geistes – ein Verlangen, das aus dem Innern des Herzens entspringt.»*

Beten ist eine heilige Handlung, ein Emporschwingen der Seele, ein Sammeln und Konzentrieren des Geistes auf den einen Kerngedanken «Gott», ein Versenken in Gottes Liebe und ein Erlöschen aller weltlichen Gedanken und Wünsche. Es ist gut, wenn wir diese segensreiche Verbindung mit wenigen Worten suchen, denn mit wenig erreichen wir mehr als mit vielem Gerede.

Auch hier gibt uns Mahatma Gandhi den Rat: *«Man wehrt sich dagegen, im Gebet Tag für Tag das Gleiche zu wiederholen, weil man meint, es würde auf diese Weise mechanisch und wirkungslos. Es ist wahr, dass das Gebet mechanisch wird. Wir selbst sind ‹Maschinen›, und wenn wir glauben, dass Gott es ist, der uns bewegt, dann müssen wir uns auch wie ‹Maschinen› in seiner Hand verhalten. Wenn die Sonne und andere Himmelskörper sich nicht bewegten wie Maschinen, würde das Universum zum Stillstand kommen… Es kommt nicht darauf an, ob die Inhalte des Gebetes immer gleich oder jeden Tag unterschiedlich sind. Selbst wenn sie voller Vielfalt sind, ist es möglich, dass sie wirkungslos werden.*

*Die Gayatri-Verse der Hindus, das Glaubensbekenntnis (Kalma) der Moslems und das zentrale christliche Gebet in der Bergpredigt sind jahrhundertelang jeden Tag von Millionen Menschen gesprochen worden; und dennoch ist ihre Kraft nicht geringer geworden, sondern sie wächst immer noch an.*

*Es kommt alles auf den Geist an, der hinter einem solchen Gebet steht… Doch der Mensch wiederholt den Namen Gottes oft plappernd wie ein Papagei und erhofft sich dann einen Gewinn davon…Wenn das Beten keinen Trost bringt, dann war es nur ein Lippengebet.»*

Nicht die Anzahl der Gebete ist entscheidend, sondern vielmehr das Herz, das betet. Ein einziges Gebet in Hingabe gesprochen, wirkt mehr als tausend unbedachte, herzlose Lippengebete. Häufig beten wir viel zu oberflächlich, was zeigt, dass wir die wahre Bedeutung des Gebetes nicht erkannt haben.

Was den meisten Gebeten oft fehlt, ist ihre Durchschlagskraft. Wenn wir Mühe haben, uns auf das Gebet zu konzentrieren, so rufen wir Andachtsengel zu Hilfe. Sie werden mit uns beten und unsere schwachen Gedanken verstärken, einen Schutzwall der Ruhe um uns aufbauen.

Unsere Gebete müssen unsere menschlichen Schwächen tief durchdringen und diese auflösen wie die strahlende Sonne die trüben Nebelschleier. Das wahre Gebet lässt sich durch seine Auswirkung beurteilen. Es legt Energien frei und verändert damit unsere Umgebung zum Guten. Lassen wir das Beten tief in unser Unterbewusstsein eindringen,

so erfahren wir die sicht- und spürbare Führung der Engel. Schwierigkeiten können durch die Kraft des Gebetes überwunden werden. Konflikte werden gelöst, Leiden ertragen, Schmerzen gelindert, Traurigkeit überwunden und Krankheiten geheilt. Wir gesunden an Leib und Seele. Wir fühlen uns im Licht geborgen.

Und wenn große Sorgen an uns herantreten, sollten wir umso tiefer und ergriffener beten.

Überwältigend und unfassbar ist die Kraft des Gebetes, sodass Beten beinahe Berge versetzen kann. Als am 26. August 1945 in Hiroshima die Atombombe niedergeworfen wurde und über 300 000 Menschen auf einen Schlag ihr Leben verloren, kniete eine Nonne nichts ahnend im Klostergarten vor einem Kreuz. Während sie in ihre Andacht versunken war, brach plötzlich das Flammenmeer aus, und verursacht durch das Chaos flogen verkohlte Leichen über sie hinweg. Sie blieb aber unverletzt. Das

Gebet hatte einen schützenden Mantel um sie gelegt. Wenn man von solchen Wundern des Gebetes erfährt, verstärkt sich die Überzeugung, dass das Beten auch in unserer modernen, hektischen und turbulenten Zeit seine schlagkräftige Wirkung besitzt. Beten ist auch heute noch modern und gehört zur Pflicht eines jeden Menschen, der sich geistig entwickeln möchte. Es ist durch nichts zu ersetzen.

Mit dem Gebet kommen nicht nur unsere Gedanken zur Ruhe, sondern es eröffnen sich uns Tore zum Licht. Durch Wiederholen heiliger Worte, wie z.B. beim Rosenkranzgebet, offenbart sich uns jene Kraft, die angerufen wird.

Die Kraft des Gebetes kann sogar wissenschaftlich nachgewiesen werden. Mit speziellen Kristallisationsverfahren konnte festgestellt werden, dass Wasser, welches beim Beten aufgestellt wurde, eine Strukturveränderung eingeht und sich vom gewöhnlichen Hahnenwasser unterscheidet. Aber das Beten wird in seiner Wirkung oftmals unterschätzt. Bei

einer sterbenden Frau wurde die Gebetskraft mit einem
Messapparat kontrolliert. Fassungslos schauten sich die For-
scher an und verfolgten staunend die Kulminationsziffer,
welche um 55% höher war als die auf gleiche Art gemessene
Energie eines amerikanischen Rundfunksenders. Jedes
Gebet sendet Wellen aus wie ein Radargerät. Entscheidend
ist die Intensität der Frequenz, die beim Beten ausgelöst
wird. Folglich müsste das Beten aufgrund seiner schlagkräf-
tigen Wirkungen an allen Universitäten der Welt gelehrt
werden. Vieles könnten wir nämlich in harmonische Bahnen
lenken, wenn dem Gebet mehr Aufmerksamkeit geschenkt
würde.

Bitten wir aber nicht um irdische Dinge, das ist Folklore.
Die Millionen, die wir vielleicht im Gebet erbetteln
möchten, sind nicht im Himmel zu suchen, sondern in
irdischen Banktresoren. Möchte also jemand weltliche
Reichtümer besitzen, wende er sich an eine zuständige

Bankadresse. Gottes Reichtümer sind Schätze geistiger Art
und schmücken unsere Seele mit Gold und Diamanten.
Bitten wir im Gebet um Gottes Segen nicht nur für uns,
sondern auch für unsere Mitmenschen, für die ganze Welt.
Legen wir alles in Gottes Hand, ja beten wir für Mit-
menschen, die uns vielleicht nicht freundlich gesinnt sind.
Jedes Gebet sendet lichte Strahlen aus von Mensch zu
Mensch. Wenn wir für Kranke, Sterbende, Notleidende,
Traurige, vom Schicksal Geprüfte beten, rufen wir geistige
Kräfte herbei mit Botschaften der Liebe. Alle, ob jung oder
alt, ob arm oder reich, ob krank oder gesund, sind für diese
unsichtbare Kraft empfänglich.

Machen wir einmal den Versuch, indem wir Gebete für
andere Menschen aussenden. Wir werden staunen. Steigen
wir in einen Zug und schicken wir allen Menschen, die
uns begegnen, in freundlicher Stimmung und Entspannung
folgende Gedanken zu: «Gott segne dich und schicke dir

einen begleitenden Engel auf den Weg», z.B. dem pflügen-
den Bauern, den wir aus dem Zugfenster betrachten; der
Mutter beim Wäscheaufhängen; einem Mann, der sich
schlafend an eine Mauer lehnt; der vornehmen Dame, die
ins Abteil steigt; dem Kondukteur, der seine tägliche Arbeit
verrichtet. Einige der so gesegneten Personen werden uns
zuzwinkern, andere setzen ein fröhliches Lächeln auf, wieder
andere erheben die Hände zum Gruß, als würden sie uns
schon lange kennen. Wir werden wirklich überrascht sein,
denn Gebete senden Strahlen aus, die oft mehr erreichen als
tausend Worte. Wir Menschen bitten Gott unaufhörlich um
alles Erdenkliche. Selten jedoch sagen wir «Danke». Wir
haben für vieles zu danken: für geistige Hilfe, für Gesundheit
und Wohlergehen, für Erkenntnis und Entwicklung, für die
Führung, die Engel in unser Unterbewusstsein gelegt
haben. Bitten und danken wir, dass Engel während unserer
Gebete ihre Flügel ausbreiten und uns mit Liebe erfüllen.

## Mit Engeln erwacht die Liebe

Engelsbegegnungen sind ersichtlich, denn bei jedem Menschen, der wahrhaft mit den himmlischen Geistern in Verbindung steht, hinterlassen sie ihre Spuren. Die Gedanken lichten sich, es erwacht eine intensive Gebetspflege, die innere Persönlichkeit und der Charakter beginnen zu strahlen, und die Nächstenliebe, die Liebe zur ganzen Schöpfung, zu Gott und zu den Engeln wird zum tragenden Inhalt des Alltags. Unser Leben wird dadurch zu einem Arbeitsplatz der aufopfernden Liebe. So wie die Engel uns Menschen in Zuneigung verbunden sind, so sind auch wir füreinander da. Wir sind aufgerufen, die Liebe, die uns aus lichten Welten zuströmt, zu erwidern. Wir entfalten uns zu einem Zentrum der Liebe, womit wir die Lichtschwingung unserer Erde erhöhen können. Es ist die Aufgabe eines jeden Menschen, die Liebe im täglichen Leben zu verwirklichen. Engel kön-

nen in uns nur lebendig werden, wenn wir die Liebe leben. Aber was ist Liebe? Wenn wir eine verständliche Interpretation für die Liebe suchen, dann finden wir sie in treffender Weise in den Briefen von Paulus an die Korinther: *«Die Liebe ist langmütig und freundlich, die Liebe ist nicht eifersüchtig, die Liebe treibt nicht Mutwillen, sie bläht sich nicht auf, sie verletzt nicht den Anstand, sie sucht nicht das Ihre, sie lässt sich nicht erbittern, sie trägt das Böse nicht nach, sie freut sich nicht über das Unrecht, sie freut sich vielmehr an der Wahrheit; sie erträgt alles, sie glaubt alles, sie hofft alles, sie duldet alles. Die Liebe hört niemals auf.»*

Aus dieser Sicht ist die Liebe eine wunderschöne Blume, die ihren zarten Duft verbreitet. Liebe ist wie die Sonne, die überall ihre wärmenden Strahlen hinsendet. Ein Sprichwort sagt: *«So du ein Wort der Liebe hast, verbirg es nicht im Herzen. Brich du als Blütenzweig es ab, zur Heilung bitterer Schmerzen.»* Machen wir es uns zur Gewohnheit, dass wir

für jeden Menschen, dem wir begegnen, ein gutes Wort übrig haben. Und spricht uns selbst jemand Liebe zu, bewundern wir seine Gesinnung und freuen uns im Herzen. Wenn wir in Liebe dem Nächsten gute Gedanken zusenden, haben wir keine Zeit mehr, Ungutes zu denken oder aufzunehmen. Die Liebe wird dieses wie eine Kerze verbrennen.

Wir selbst sind dann die Beschenkten, wie der Sinnspruch bekundet: *«Wer Liebstes hergibt aus Liebe allein, dem soll Liebstes geschenket sein.»* Liebe heißt auch dienen. Dadurch wird die Nächstenliebe zum Gottesdienst. Überall und in allen Lebenssituationen können wir die dienende Botschaft der Liebe verbreiten. Es gibt genügend Möglichkeiten, um zu dienen, sei es bei der Pflege von Kranken, in der Betreuung von betagten Leuten, durch gute Taten, durch ausnahmslose Hilfsbereitschaft in jedem Bereich, durch tröstende Worte, durch ein offenes Herz, durch Einfühlungsvermögen

und Verständnis. Es sind uns keine Grenzen gesetzt. Die Aufgabe unseres Herzens ist die Liebe. Selbstlos schlägt dieses bis zu 100 000 Mal am Tag, bis zu 40 Millionen Mal im Jahr.

Die Kraft der Liebe vermag die Welt zum Guten verändern, vor allem, wenn wir uns bemühen, auch unsere Feinde zu lieben.

Mahatma Gandhi lebte uns dies vor. Er schlug nicht zurück, wenn er angegriffen wurde; er hasste seine Feinde nicht, wenn sie ihn kränkten; er leistete keinen Widerstand, wenn er misshandelt oder eingesperrt wurde. Im Vertrauen auf die Gerechtigkeit bewahrte er eine ruhige, gelassene Sicherheit, sein Glaube war stark und er schöpfte eine unermessliche Kraft aus seinen tiefen Gebeten. Zweifellos hat er aus dieser bewundernswerten Haltung den großen Sieg, die Befreiung Indiens, errungen, wobei er sich sogar die Bewunderung seiner Feinde erwarb.

Feindseligkeiten lassen sich also nur durch Liebe auflösen, im Kleinen wie im Großen. Sollten wir von Feindschaft umgeben sein, bitten wir die Engel um Kraft, damit wir die Liebe leben können. Mit natürlicher, nicht überschwenglicher, sentimentaler, sondern herzlicher und ehrlicher Liebe entwaffnen wir unsere Gegner. Bald wird Friede herrschen, denn Menschen, die von Liebe erfüllt sind, strahlen eine besondere Energie aus, die Licht und Wärme spendet. Liebe erzeugt eine magnetische Anziehungskraft. Begegnen wir unseren Mitmenschen in Liebe, ist es für sie schwer, eine ablehnende Haltung einzunehmen. Je mehr Verständnis, Anerkennung, Toleranz und Zuneigung wir unserem Nächsten entgegenbringen, umso mehr Zuneigung erhalten wir zurück. Die einzige Möglichkeit, mehr Liebe zu empfangen, besteht darin, mehr Liebe zu verschenken. Der moderne Mensch hat leider den wahren Sinn der Liebe entfremdet. Heute wird «Liebe» weitgehend mit sexueller

Begierde gleichgesetzt. Natürlich kann auch die gefühlsvolle körperliche Zuneigung und Zärtlichkeit Ausdruck der Liebe sein. Doch in unserer noblen Zeit entpuppt sich die Liebe mit dem Schlagwort «Love» als besitzergreifender Egoismus und Verarmung der Gefühle und einer innerlichen Leere. Dadurch können wir die Welt kaum zum Guten verändern. Liebe ergießt sich uns vom Himmel herab und wir müssen sie nur auffangen. Engel sind durchströmt von der Kraft der Liebe, spürbar als Licht und Wärme. Mit jeder Begegnung entzünden sie eine Kerze in unserem Herzen, auf dass wir selbst das Licht verbreiten, wie es ein unbekannter Dichter formulierte:

*Ein Licht, das leuchten will,*
*muss sich verzehren.*
*Trost, Licht und Wärme*
*spendend, stirbt es still.*

*Ein Licht, das leuchten will,*
*kann nichts begehren,*
*als dort zu stehn, wo es*
*der Herrgott will.*

*Ein Licht, das leuchten will,*
*dem muss genügen,*
*dass man das Licht nicht achtet,*
*nur den Schein.*

*Ein Licht, das leuchten will,*
*muss sich drein fügen,*
*für andere Kraft und*
*für sich nichts zu sein!*

## Engel in Gesundheit und Krankheit

*«Die größte Arznei ist die Liebe»*, schrieb Paracelsus. Der vielgepriesene «König der Ärzte» des Mittelalters, der zahlreiche natürliche Geheimrezepturen, so genannte «Arcanum» kannte, setzte Liebe an die erste Stelle jeglichen therapeutischen Handelns. Für ihn war die Liebe viel mächtiger als die beste Medizin. Während die großen Seuchen wie Pest, Tuberkulose und Lepra wüteten, erlebte er immer wieder, dass es hilfsbereite Mitmenschen gab, die ganz und gar aus Nächstenliebe die Kranken pflegten, ohne angesteckt zu werden.

Die Liebe ist die größte Macht im Kosmos und schützt sogar vor gefährlichen Krankheiten. Dies bestätigte auch Mutter Teresa, die einmal sagte: *«Alle Lebewesen sind geschaffen worden, um zu lieben und geliebt zu werden.»* Sie hatte für alle Menschen, die ihr begegneten, ob arm oder reich,

immer ein Lächeln auf den Lippen. *«Den ersten Mann, den ich gepflegt habe»*, erzählte sie, *«fand ich auf der Straße. Er lag auf der Erde und niemand würdigte ihn eines Blickes. Ich bin zu ihm hingegangen und habe seine Wunden gewaschen. Er hat mich gefragt: ‹Warum tun Sie das?› Und ich habe geantwortet: ‹Weil ich Sie liebe.›»*

Keime, Mikroben, Viren und Bakterien machten um die bewundernswerte «Missionarin der Liebe» einen großen Bogen. Zeit ihres Lebens blieb sie trotz der harten Arbeit in epidemiegefährdeten Gebieten vor Krankheit verschont. Die Liebe war für sie das beste Arzneimittel, die sicherste Prävention.

Das Geheimnis der Liebe ist groß. Leider aber kann man die Liebe im Reagenzglas nicht synthetisieren. Man kann sie auch nicht unters Mikroskop legen und analysieren. Wir müssen sie leben. Insbesondere in Stunden der Krankheit steht die Liebe im Mittelpunkt der Heilung. Hierfür gibt

es zahlreiche beeindruckende Beispiele. So stellte man in einem Krankenhaus fest, dass sich die Patienten viel schneller erholten, wenn die Ärzte und das Pflegepersonal sich in Liebe für die Leidenden aufopferten, als in einer andern Klinik, wo die Kranken fast wie Roboter behandelt wurden. Einem Team unter der Leitung von Powell und Thorensen am Mount Zion Hospital in San Francisco ist es gelungen, die Wiederholung von Herzinfarkten bei risikogefährdeten Patienten um die Hälfte zu verringern, weil es sich darum bemühte, die Menschen das Lieben zu lehren.

Bernie Siegel, ein amerikanischer Mediziner, dessen Buch ein Bestseller wurde, berichtet: *«Vergessen Sie nicht: Liebe heilt. Ich behaupte nicht, dass Liebe alles kuriert, aber sie kann heilen, und der Prozess des Heilens kann auch zur vollständigen Genesung führen.».*

Doch die Liebe lässt sich nicht einfach wie Medikamente an die Patienten verabreichen, wir müssen sie in Tat umsetzen. Begegnen wir den Kranken in Liebe, umso schneller richten sie sich auf und in ihrem Innersten können wir viel mehr bewirken als mit aller Technik und Chemie.

«Liebe leben» müsste eigentlich zum ersten Pflichtfach des medizinischen Studiums werden. Ja, wir könnten über die Macht der Liebe Dissertationen schreiben und den Doktorhut erwerben.

Auch im persönlichen Familienkreis bewirkt die gelebte Liebe am Krankenbett Erstaunliches. Die Mutter, die ihr krankes Kind in die Arme nimmt und singt «Heile, heile säge»; die Besucher, die ihre Bekannten in der Krankheit aufsuchen, die Hände drücken und tröstende, aufbauende Worte vermitteln, überall und in jeder Situation sind wir in der Lage, die Liebe als Arznei einzusetzen.

Selbst im Gebet können wir dem Kranken in Liebe begegnen, denn Beten bringt den leidenden Körper in eine

höhere Schwingung. Manchmal geschehen sogar wahre Wunder, wie es in verschiedenen Gebetsgruppen immer wieder vorkommt. Man betet für einen Kranken, und der Leidende wird wieder gesund. Erstaunliche Heilkräfte können durch Gebet und Meditation über höhere Stufen der Stille und des Schweigens zur Wirkung kommen.

Die Kraft des Gebetes kann sogar sichtbar gemacht werden. Dr. Miller aus Baltimore säte in zwei verschiedenen Räumen seines Labors Roggensamen in Kistchen aus, wobei in einem Raum eine Gebetsgruppe zum Gebet versammelt war. Die Roggenpflanzen in diesem Raum wuchsen acht Mal schneller als jene der Vergleichsgruppe.

Beten macht gesund und vital. Gebete können Vitamine für die leidende Seele sein. Wenn wir aber um Gesundheit bitten, müssen wir auch in unseren Gedanken die Gesundheit pflegen. Erst dann ist es ein gelebtes Gebet. Unsere Gebete sollten sich nicht nur auf den Körper ausrichten, sondern auch auf die Seele, und wir müssen erfüllen, was wir im Gebet aussprechen.

Bitten wir für uns und unseren Nächsten um Gesundheit, sind auch immer Engel zur Stelle. Sie begegnen uns in Liebe, hüllen uns in heilendes Licht ein. Sie werden uns aber auch den Sinn der Krankheit klären.

### Dein Wille geschehe

Krankheit gehört zum Leben wie die Luft zum Atmen. Leiden kann somit als Chance verstanden werden, denn wir können durch die Krankheit lernen und geistig wachsen. Wohl empfinden wir das Leiden wie schwere, unüberwindbare Stolpersteine auf unserem Lebenspfad. Mit diesen Steinen können wir aber Brücken erstellen, Häuser aufbauen – natürlich geistige Brücken und Häuser. In diesem Sinne ist die Krankheit kein Schicksal und auch keine Schuldzuweisung, sondern ein gangbarer Weg. Jede Krank-

heit beinhaltet etwas Positives und niemand ist davor gefeit. Selbst Heilige können von Krankheiten befallen werden. Der hl. Franziskus, der den Sonnengesang betete, litt unter einer schrecklichen Neuralgie, sodass man ihm sogar den Trigeminusnerv mit einem Messer durchtrennen musste. Die hl. Hildegard von Bingen, welche als Nonne und Mystikerin über außergewöhnliche geistige und literarische Fähigkeiten verfügte, wurde während ihren Visionen mit unerträglicher Migräne gequält. Die hl. Theresia von Avila erlitt trotz tugendhaften Lebens einen Herzinfarkt. Leiden unterstützt den Reifeprozess der Seele. Oftmals hatten große Vorbilder wie z.B. der stigmatisierte Pater Pio aus San Giovanni Rotondo in Italien unter fast unerträglichen Gebrechen zu leiden.

In Stunden der Krankheit entfalten sich Tugenden wie Geduld, Rücksichtsnahme, Dankbarkeit usw. Wir betrachten das Leben aus einer anderen Sichtweise. In diesem Sinne wird uns das Leiden zum Lehrmeister. Es findet eine Umwandlung, ein geistiger Fortschritt statt, den wir ohne Schmerz und Pein nie erreicht hätten. Krankheit fordert uns auf zum Handeln. Es ist eine Entwicklungschance. Wir sollten uns das Leid zum Geschenk machen und uns fragen, was uns die Krankheit sagen möchte. Wenn wir den wahren Sinn des Leidens erkennen, werden wir alles, was auf uns zukommt, annehmen. *«Dein Wille geschehe!»* In dieser Haltung wirkt die Kraft zur Gesundheit. Leid kann durchgangen werden und wir werden gestärkt und geläutert daraus hervorgehen.

Krankheit anzunehmen heißt aber nicht, dass wir sie bejahen, ihr also Kraft zusprechen. Annehmen heißt, aufhören zu jammern und zu klagen, anderen Menschen oder sogar Gott die Schuld für unsere Beschwerden zuzuschieben. Krankheit ist ein erduldeter Lernprozess in der Erdenschule, den wir ohne quengeln zu lösen bestrebt sind.

Jedermann kann von Krankheit heimgesucht werden, und schon ist der Wunsch da, schnell wieder gesund zu werden. Das ist verständlich. Aber oftmals denken wir: Warum passiert das gerade mir, gerade jetzt, und wir bleiben daran hängen – im Sumpf stecken. Lassen wir ab vom Jammern und Wehklagen. Wir sollten nicht viel über Kranksein sprechen, nicht resignieren und verzagen. Mit Angst und Zweifel ist es viel schwerer, wieder gesund zu werden. Schon Paracelsus sagte: *«Die Angst vor der Krankheit ist gefährlicher als die Krankheit selber.»* Auch wenn uns medizinische Befunde schlechte Resultate eröffnen, dürfen wir keine Furcht aufkommen lassen. Unser Organismus ist stärker als sterile, technisch im Labor ermittelte Werte. Mit jedem negativen Gedanken rauben wir unserem Körper Energie. Auf einfache Art und Weise können wir dies anhand eines kinesiologischen Tests selbst feststellen. Bitten wir einen Bekannten, seinen rechten Arm auszustrecken und an eine duftende Rose zu denken. Hierauf drücken wir seinen Arm fest nach unten. Wir werden erkennen, dass die muskuläre Widerstandskraft erhalten bleibt und der Arm fast nicht nach unten zu drücken ist. Anschließend fordern wir ihn auf, an eine Krankheit zu denken, und wieder drücken wir seinen Arm nach unten. Staunend werden wir feststellen, dass der Arm seine sämtlichen muskulären Kräfte verloren hat. Nur schon der Gedanke an Krankheit wirkte schwächend auf die körpereigene Vitalkraft.

Wie wollen wir also gesund werden, wenn unsere Gedanken beständig in der Krankheit verharren und entkräftigend auf die Aura wirken.

Diese schwächende Auswirkung sollte auch der Medizin mehr bewusst werden. Oftmals halte ich mich, wenn ich Patienten im Spital besuche, vor den klinischen Räumlichkeiten auf, in dessen Sprechzimmer den Kranken die ermittelten medizinischen Laborwerte eröffnet werden. Fast

jeder, der danach über die Türschwelle kommt, hat ein blasses, betrübtes Gesicht, das erkennen lässt, wie schwer der Befund auf Geist und Seele einwirkt. Niemand richtet sie auf und ermuntert sie: *«Obwohl die Werte nicht gerade positiv ausgefallen sind, ist es trotzdem möglich, die Krankheit zu überwinden und gesund zu werden.»* Man überlässt die Bedauernswerten, die bereits von ihren Beschwerden entkräftet sind, dem eigenen Schicksal.

Das darf nicht sein!

Jeder Kranke benötigt Unterstützung, Anteilnahme, Einfühlungsvermögen und Stärkung. Er sollte darauf aufmerksam gemacht werden, dass disharmonische Gedanken schwächend auf die verbliebene Harmonie einwirken. Das Blut wird sauer, der Hormonhaushalt gerät durcheinander, die Nerven werden entkräftet, die Immun- und Selbstheilungskräfte erschlaffen. Wollen wir gesund werden, müssen wir das Drehbuch unserer Gedankenwelt umpolen. Gemäß Prof.

Jean-Paul Escande, Direktor am Hospital Tarnier in Paris, *«ist das Gehirn die chemische Leitstelle, welche die gesamten chemischen Vorgänge des Körpers steuert. Wenn es richtig reagiert, kann es Infektionen abwehren, Arterien freimachen, den Alterungsprozess bekämpfen, Schmerzen abstellen und sogar bewirken, dass wieder ein Arm oder Bein nachwächst.»*

Schenken wir dieser Aussage Glauben, müssen wir erkennen, dass die Heilung von Krankheiten maßgebend von unseren mentalen Fähigkeiten abhängig ist. Unser Denken wirkt sich unmittelbar auf unseren Körper aus. Sagen wir: «Ich bin krank», schwächen wir unseren Organismus. Denken wir daher: «Ich werde gesund und meine Höchstform erlangen», polen wir uns um und ersetzen die Krankheit durch die Gesundheit. Statt auf das Leiden, die Schmerzen, Sorgen und Probleme fixiert zu sein, bejahen wir das Gesundwerden, die Regeneration, den Aufbruch in ein neues Leben, das uns die Krankheit eröffnet hat. Unsere

positive Einstellung stärkt auch unsere Aura. So bestimmen unsere Gedanken das Leben von morgen. Mit der Zeit werden wir lernen, über dem Leid zu stehen.

Kehren wir also um, noch in diesem Augenblick. Heute ist der Tag, jetzt ist die Stunde. Verändern wir unser Leben zum Positiven, denn das sind die Worte, die die Engel an uns richten. Am Ausspruch: *«Hilf dir selbst, dann hilft dir Gott»* ist viel Wahres dran.

Wir werden es schaffen. Unsere positive Einstellung wird in Stunden der Krankheit wahre Wunder vollbringen. Vor langer Zeit erlebte ich, wie ein Offizier im Militärdienst eine schwere Beinfraktur erlitt. Im Spital eröffnete man ihm, dass er für die Heilung des komplizierten Knochenbruches mindestens drei Monate benötige, bis er wieder richtig gehen könne. Der Leutnant erwiderte dem Chirurgen: *«In sechs Wochen werde ich meine Braut heiraten und bis dann stehe ich wieder fest auf den Beinen.»* «Na ja, wir wollen sehen», bekam

er zur Antwort, *«unsere Erfahrungen und die Röntgenbilder lehren uns etwas anderes.»* Doch zum Staunen aller Beteiligten schritt die Heilung zügig voran und bereits nach einem Monat startete er im Korridor des Spitals die ersten Gehversuche. Als er nach sechs Wochen, wie selbst vorausgesagt, das Spital verlassen konnte, passierte etwas Schreckliches. Seine Braut war in einen Autounfall verwickelt und verlor dabei das Leben. Mit einem Schock kehrte der Offizier wieder ins Spital zurück und durch den Zusammenbruch seiner seelischen Kräfte brachen die verheilten Knochen wieder auseinander. Es dauerte ein halbes Jahr, bis er wieder gesund war.

Diese Geschichte lehrt uns, wie wir selbst das Gesundwerden durch unsere Motivation beeinflussen können. Sie macht aber auch deutlich, was für eine große Verantwortung jeder Mediziner und Heiler gegenüber seinen Patienten besitzt. Man darf nicht im medizinisch angelesenen Wissen stecken

bleiben. Wir müssen tiefer gehen und die Einheit zwischen Körper, Geist und Seele ins Heilgeschehen hineintragen. Jeder Arzt und Heilpraktiker muss zugleich ein Seelenführer sein. Er sollte auch über die eigenen Heilungsfähigkeiten des Menschen unterrichtet sein. Es ist sogar wünschenswert, dass ein jeder Therapeut ein enges Verhältnis zu den Engeln besitzt. Sie werden uns unterstützen und inspirieren, wenn es gilt, den Kranken zu diagnostizieren oder ihn mit den richtigen medizinischen, naturheilkundlichen oder homöopathischen Maßnahmen zu kurieren. Letztlich sollte jeder Arzt und Heiler seinen Patienten im Gebet Beistand leisten. Dann wird sich die Schwingung im Kranken- und Sprechzimmer erhöhen und das Licht der Engel wird die grauen Bereiche des Leidens erhellen.

In diesem Sinne wird der Heilkundige zum großen Vorbild seiner Patienten. Jeder Kranke wird dadurch ermutigt, den geistigen Fußspuren seines Heilers zu folgen.

Durch das Ausrichten des Heilers auf lichte Sphären eröffnet er sich die Erkenntnis der seelischen Ursachen von Krankheiten. Die beim Patienten auftretenden Symptome sind für ihn Wegweiser oder Botschaften der Seele. Er wird die seelischen Wurzeln hinterfragen wie z.B.: Was drückt auf den Magen, was läuft über die Leber, was geht an die Nieren, was pocht im Herzen, worauf reagiert man allergisch, was kann man nicht verdauen usw.? Niemand zweifelt heute mehr daran, dass gewisse Krankheiten wie Asthma, Magengeschwüre, Hautausschläge usw. als Folge von psychischen Konflikten in Erscheinung treten können. Asthma, wenn unsere Umgebung zu «stickig» ist, Magengeschwüre, wenn man Widerwärtigkeiten nicht verkraften kann.

Jedes Symptom besitzt nicht nur die körperliche Form, sondern auch ein entsprechendes psychische Verhaltensmuster. Heute ist bekannt, dass bis zu 60% der Erkran-

kungen psychosomatisch (psycho = Seele, soma = Körper) bedingt sind. Der Mensch ist eine einzigartige, unteilbare Einheit zwischen Körper, Seele und Geist, die sich gegenseitig beeinflussen. Auftretende Symptome sind Warnleuchten, die zu erkennen geben, dass in der psychosomatischen Unität etwas nicht in Ordnung ist. Diese seelischen Ursächlichkeiten mit Pillen zu unterdrücken, ist wie wenn wir beim Aufleuchten einer Warnlampe am Auto den Lichtkörper wegschrauben und weiterfahren würden. Man kann Symptome nicht einfach wegtherapieren, ansonsten sie von Organ zu Organ weiter verschoben werden. Richtiges Heilen verbündet sich mit den Symptomen und führt sie an die Wurzeln zurück. In diesem Sinne werden sie nicht als Störenfriede eingeschätzt, sondern als Wegleitung zur Gesundheit. Die Aufgabe des Arztes und des Heilpraktikers ist es, die Beschwerden ihrer Patienten als Botschaften der psychosomatischen Einheit zu verstehen und daraus ganz-

heitliche Gesundheit für Leib, Seele und Geist herbeizuführen.

### Heilung kommt von innen

Das Wort «heilen» heißt «ganz werden», nicht nur in körperlicher, sondern auch in geistig-seelischer Hinsicht. Betrachten wir diese drei unteilbaren Ebenen des Menschen, erkennen wir, dass unser Organsystem von einem «inneren Arzt» geleitet wird. Unser Körper besitzt nebst den physischen auch immaterielle Fähigkeiten. Es handelt sich hierbei um eine ausbalancierende Ordnung, um ein inneres Gleichgewicht, welches unserem Körper funktionelle Kräfte verleiht. Demgemäß folgen Puls und Herz einem bestimmten Rhythmus, die Körpertemperatur wird auf eine konstante Wärme eingestellt, die Drüsen werden angeregt, spezifische Hormone zum richtigen Zeitpunkt auszuschütten und Antigene zu bilden. Auch regenerierende

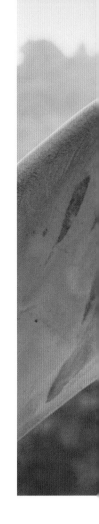

Funktionen werden aktiviert. Ständig werden die äußeren Hautschichten und die Schleimhaut des Magen-Darm-Traktes von unserem Körper abgestoßen und wieder erneuert. Noch beeindruckender ist die Fähigkeit der Leber – das größte und eines der aktivsten Organe im Körper. Ein Großteil der Leber kann entfernt werden (bis zu 80%), solange keine Gewebsanomalien vorliegen. Der verbliebene Rest sorgt dafür, dass die verlorene Substanz innerhalb kurzer Zeit regeneriert wird. Auch die Immunreaktionen unseres Körpers sind einzigartig. Ohne dieses Abwehrsystem gegen krankmachende Einflüsse, welches Tag und Nacht im Verborgenen arbeitet, hätten wir keine großen Lebenschancen. All diese Fähigkeiten können nicht im Reagenzglas nachgewiesen oder durch einen Tomographen sichtbar gemacht werden.

Solche unsichtbaren Energieträger bilden die Grundlage für die feinstofflichen Abläufe unseres Organismus. Wäre unser Organismus nur eine Organkonserve, in der ab und zu Sand ins Getriebe kommt, müssten alle Zeitgenossen dank modernster Chirurgie und Heilmethoden wie gut geschmierte Motoren durch die Straßen flitzen. In Wirklichkeit ist der Mensch eine hochkomplizierte Verflechtung von stofflichen und energetischen Steuerungen. Werden wir dieser Kraftquelle beraubt, ist unsere Existenz undenkbar.

Seit Menschengedenken bemüht man sich, für dieses Phänomen Begriffe zu schaffen. So findet man bereits im 5000 Jahre alten Sanskrit die *«Prana-Energie»*, in der 3000 Jahre alten chinesischen Heillehre das *«Qi»* und in der indischen Ayurveda-Medizin das *«Ojas»* beschrieben. In unserer westlichen Welt sind Definitionen wie *«Lebenskraft»* oder *«Bio-Energie»* geläufig.

Auf unsere Gesundheit bezogen sind diese Realitäten wegweisend für eine ganzheitliche Medizin. Was heute als neue holistische Heilkunde verstanden wird, wurde bereits in

früheren Zeitaltern praktiziert. So finden wir in alten Lehrbüchern Begriffe wie *«Ätherleib», «feineres Duplikat»* oder
im Mittelalter *«Doppelgänger»*. Selbst Paracelsus lehrte im
16. Jahrhundert, dass es im Menschen eine Lebenskraft gäbe,
die *«ihm nicht eingeschlossen sei, sondern um ihn herum wie eine
leuchtende Sphäre strahle. Gewöhnliche Ärzte wissen im besten
Falle etwas über den äußeren Körper, nichts aber über den inneren
Menschen, und weniger als nichts über Gott.»* Der innere
Mensch, den Paracelsus den *«Schatten des materiellen Körpers»*
nennt, besteht aus einem immateriellen Lebensprinzip,
dem *«Archäus»*. Dieser ist im Gesundheitzustand in allen
Teilen des Organismus gleichmäßig verteilt, *«er ist die unsichtbare Nahrung, aus welcher der sichtbare Körper seine Kraft
bezieht»*. Ein Arzt oder Heiler, der diese organspezifische
Energie vernachlässigt, ist nach Paracelsus nicht mehr als
*«ein Quacksalber»*.
Samuel Hahnemann hat für unsere Zeit diesem Phänomen

den prägendsten Stempel aufgedrückt. So baute er seine
Homöopathie-Lehre auf dem Prinzip der Lebenskraft auf.
Aus seiner Sichtweise besitzen wir nicht nur Herz, Magen,
Darm, Leber, Niere, Bauchspeicheldrüse, Blut und Lymphe,
sondern auch einen Vitalkörper, d.h. immaterielle Funktionen, Abläufe, ein inneres Heilgeschehen oder einen
*«inneren Arzt»*, der den ganzen Körper physisch und psy-
chisch in Harmonie erhält. Es ist eine unsichtbare Macht,
die wir auch als Selbstheilungskraft definieren können.
Jeder Tag, an dem wir uns guter Gesundheit erfreuen, bestätigt die Fähigkeit des Selbstheilungssystems mit seinen
unmerklichen Mechanismen und Schaltsystemen. Die beste
Medizin, die wirksamsten Tabletten helfen wenig oder gar
nichts, wenn dieses eigene Heilungspotenzial nicht intakt
ist. Unser Körper verfügt also erwiesenermaßen und
unbestreitbar über die Funktion, sich selbst zu heilen. Wir
tragen die Kraft zur Heilung und die Möglichkeit zum

Gesundwerden in uns. Die Entdeckung dieser machtvollen Eigenenergien könnte der heutigen Medizin eine neue, zuversichtliche Struktur geben. In diesem Bereich ist die Zukunft der Heilkunst zu finden, in jenen subtilen Schwingungen, die uns befähigen, Krankheiten auf eigenem Wege zu überwinden.

Praxisbezogen ist es ersichtlich, dass man das körpereigene Selbstheilungsvermögen einerseits aktivieren, andererseits auch degenerieren kann. Schädigend wirken vor allem negatives Denken, Angst, Stress und Disharmonie, unterstützend dagegen Motivation, Optimismus, Lebensfreude, Zufriedenheit, Fröhlichkeit und Humor. Aus diesen Erkenntnissen ist eine neue Wissenschaft entstanden, die Neuropsychoimmunologie. Wie der Name besagt, befasst sie sich mit der Frage, wie unser Geisteszustand die Immunreaktionen (aber auch Selbstheilungskräfte) verbessern oder verschlechtern kann.

Unter dieser Berücksichtigung müssen natürlich auch andere Zusammenhänge, die Krankheiten begünstigen können, in Betracht gezogen werden. Um unsere Gesundheit zu erhalten oder wieder zu finden, ist vor allem ein aktives Bewegungsprogramm in frischer Luft, tägliche Entspannung und gesunde, vollwertige, vorwiegend pflanzliche Ernährung wichtig. Dauerbelastungen wie zu üppige Kost, Konsum von Süßigkeiten und Genussgiften wie Alkohol, Nikotin und Drogen sowie Vergiftungen aus Nahrung und Umwelt sollten vermieden werden. Ebenso sind intakte Leistungen unserer Organe vonnöten. Man spricht in diesem Sinne von einer entsprechenden Homöostase, wobei bei entsprechenden Belastungen Heilpflanzen zur Regeneration eingesetzt werden können. Weißdorn für das Herz, Johanniskraut für die Nerven, Birkenblätter und Goldrute für die Nieren, Mariendistel für die Leber, Erdrauch für die Galle, Engelwurz für den Magen, Löwenzahn für die

Verdauung, Rosmarin für den Kreislauf, Ginkgo für die Durchblutung, Thymian zur Stärkung und Sonnenhut für die Abwehrkraft. Und wenn es gilt, die angeschlagenen Selbstheilungskräfte zu mobilisieren, können individuelle Homöopathika zur Anwendung kommen. Unter diesen Voraussetzungen ist es in vielen Fällen möglich, Gesundheit durch natürliche Maßnahmen herbeizuführen und allopathische, d.h. gegensätzliche Behandlungsmethoden werden dadurch weniger oder gar nicht erforderlich. Diese Antimedizin mit Antibiotika, Antiarrhythmika, Antihypertensiva, Antitussiva, Anticholinergika, Antihistaminika, Antidepressiva, Antipyretika, Antiallergika, Antikoagulanzien einschließlich der Blocker wie Beta-Blocker, Säure-Blocker, Kalzium-Antagonisten und ACE-Hemmer wirkt unterdrückend und verlagernd auf die auftretenden Symptome.

Keinesfalls ist es meine Absicht, die Schulmedizin mit ihren Verfahren zu kritisieren. Im Gegenteil, auch sie leistet Erstaunliches und ist imstande, bei vielen Kranken eine Besserung der Beschwerden herbeizuführen. Vielmehr möchte ich eine Brücke aufbauen und wissenschaftliches Denken mit der Naturheilkunde und den vitalen Heilkräften vereinen. Wer also in ärztlicher Behandlung ist, sollte unbedingt die medizinischen Ratschläge einhalten. Darüber hinaus ist es aber möglich, die Erkenntnisse, die dieses Buch aufzeigen will, in den Therapieplan einzubauen.

Vergessen wir jedoch nicht, je pessimistischer wir sind, umso anfälliger sind wir für Krankheiten, und je optimistischer, umso schneller werden wir wieder gesund. Das ist eine Tatsache, vor der wir unsere Augen nicht verschließen dürfen. Durch diese Erkenntnis lenken wir unser Befinden in eine positive Richtung. Wir sollten uns also erforschen, denn alles, was wir an negativen Energien, Empfindungen, Gedanken, Worten, Handlungen aussenden, belastet unsere

Seele. Die Seele spiegelt sich dann entsprechend der Denk- und Handlungsweise in unserem Körper. Wir müssen die Gesetze des Lebens verstehen lernen und die Verantwortung für unsere Gesundheit selbst in die Hand nehmen. Besser *«glücklich und gesund als unglücklich und krank»*.

### Imaginäre Heilkräfte

Zwangsläufig sind wir Tablettenschlucker geworden, ohne zu wissen, dass die Heilkraft in uns selbst steckt, wie uns der Placeboeffekt beweist. Bei der Placebowirkung werden mit einem Scheinmedikament biologische Vorgänge im menschlichen Körper ausgelöst. Diese Wirkung wurde durch so genannte wissenschaftliche Doppelblindstudien bei Arzneimittelprüfungen beobachtet. Um die Wirksamkeit eines Medikamentes nachzuweisen, werden Versuchspersonen mit gleichen Symptomen ausgewählt und in zwei Gruppen eingeteilt. Der einen Probandengruppe verabreicht man das zu prüfende Arzneimittel, der anderen eine wirkungslose Substanz wie Traubenzucker, destilliertes Wasser oder physiologische Kochsalzlösung. Weder Ärzte noch Patienten wissen, wer was bekommen hat. Erst am Ende der Studie wird dieses Geheimnis gelüftet. Die Resultate solcher Probandentests sind verblüffend. In den meisten Fällen zeigt sich, dass das Scheinmedikament eine nachweisbare Wirkungsrate von über 30% besitzt. Selbst Traubenzucker oder destilliertes Wasser kann somit in der Vorstellungskraft einer Arznei Entzündungen abbauen, Schmerzen lindern, Blut bilden oder beruhigend wirken.

Diese Placebowirkung zeigt sich auch vielfach, wenn neue Medikamente auf den Markt kommen. Während den ersten Monaten verfügen diese über eine hohe Wirksamkeit dank der reißerischen Publikationen. Mit der Zeit aber lässt diese Wirkung nach und stabilisiert sich in der Regel bei ca. 50 bis 60%.

Ebenso hat man festgestellt, dass amerikanische Medikamente bei uns eine bessere Wirksamkeit besitzen als europäische. In Amerika ist es gerade umgekehrt. Offenbar wird durch die Arzneimitteleinfuhr aus fernen Landen in der Phantasie die Heilwirkung verstärkt.

Andererseits kann auch die Farbe der Glasierung der Dragées eine medizinische Wirkung erzeugen. Rote regen an, blaue beruhigen, grüne stärken, braune entsorgen (Abführmittel sind oft braun gefärbt) und gelbe öffnen. All dies ist Placebowirkung, eine heilsame Macht der Vorstellung, der Imagination. Im wahrsten Sinne des Wortes kann der *«Glaube Berge versetzen»*. Hippokrates sagte: *«Am sichersten heilt, wenn man am meisten vertraut.»*

Dementsprechend kann selbst der Arzt und Heiler überzeugend wirken, ja oft mit erstaunlichen Resultaten. Vor Jahren wurde ein Patient mit Besorgnis erregenden Beschwerden vom Hausarzt in die Klinik eingewiesen. Zur gleichen Zeit, als der bedauernswerte Kranke mit dem Blaulichtwagen am Noteingang ankam, fuhr der vorstehende Professor der medizinischen Abteilung in die Ferien. Der Patient wurde in ein Krankenzimmer gebracht und von den Oberärzten gründlich untersucht. Sein Zustand war aber so schlimm, dass man jederzeit mit dem Ende rechnen musste. Dem Tode nahe, kränkelte er eine Woche dahin. Zufällig musste der Professor seine Ferien unterbrechen, um zu Hause eine private Angelegenheit zu verrichten. Anschließend ging er ins Krankenhaus, um nachzuschauen, ob alles in Ordnung wäre. Man führte ihn mit Besorgnis ins Zimmer des schwerkranken Mannes. Dort setzte sich der Professor auf den Bettrand, gab dem Kranken die Hand, schaute ihm in die Augen und kehrte sich dann den begleitenden Ärzten mit dem Ausspruch *«Moribundus»* zu. Dann verabschiedete er sich und wünschte dem Patienten *«Gute Besserung»*. Dieser überraschende Besuch war für den Schwerkranken

die Wende. Er war überzeugt, dass der Professor, der an seinem Bettrand Platz genommen und ihm in die Augen geschaut hatte, sein Leiden mit Namen erkannte. Von Tag zu Tag verbesserte sich sein Zustand, und als der Magister seine Ferien beendigt hatte, war der Patient bereits wieder zu Hause.

Nach einem Jahr traf er den Professor per Zufall wieder auf der Straße und eilte ihm entgegen. Als er ihm die Hand zum Gruße reichte, bemerkte er, dass der Medizinvorsteher ihn nicht mehr erkannte. *«Wissen Sie nicht, Herr Professor»*, sagte er, *«ich bin doch derjenige, der vor einem Jahr, als Sie in den Ferien waren, in Ihrem Spital schwerkrank darniederlag. Alle glaubten, dass ich sterben müsste. Doch als Sie überraschenderweise ins Zimmer kamen, erkannten Sie sofort, welche Krankheit ich hatte, und bald ging es mir wieder gut.»* Der Professor konnte sich aber nicht mehr an diese Visite erinnern und fragte, was er denn für eine Diagnose gestellt hätte. Da bekam er zur Antwort: Ich weiß es noch heute, es war *«Moribundus»*, an dem ich gelitten hatte.

Moribundus heißt auf Deutsch übersetzt: «Er ist dem Tode geweiht.» Der Kranke aber war des Glaubens, dass dieser abwertende Fachausdruck Heilung bedeute und wurde wieder gesund.

Dieses Beispiel zeigt, dass wir durch motivierende Heilgedanken gesund werden können.

Es zeigt aber auch, dass Ärzte und Heilpraktiker gegenüber den Kranken bei der Wortwahl der Diagnosestellung große Verantwortung besitzen. Medizinische Begriffe dürfen nicht vernichtend wirken, ansonsten die Patienten den Glauben ans Gesundwerden verlieren. Häufig führen Diagnosen bei Kranken zu schweren Ängsten, von denen sie nicht mehr abzubringen sind. Vielfach lähmen sie die Motivation, zerstören die positive Einstellung und führen in eine Depression. Wohl möchten die Patienten wissen, wie es um sie steht.

Doch ein feinfühliger, verantwortungsbewusster Heiler wird
seinen Befund aufbauend, gesundheitsorientiert, unterstützend, heilungsfördernd übermitteln. Mit Hiobsbotschaften
kann man wohl kaum Gesundheit herbeiführen. Der Pessi-
mismus sollte deshalb aus den medizinischen Lehrbüchern
verbannt werden. Heilwerden darf nicht statistisch sein, wir
müssen es Gott überlassen.

## Engel sind himmlische Ärzte

Manche stellen sich sicher die Frage, welche Bewandtnis all diese Gedankengänge mit den Engeln haben. Wollen wir gesund werden und die Hilfe der Engel herbeibitten, so müssen wir Hand in Hand mit den lichtvollen Wesen zusammenarbeiten.

Wir selbst müssen die Verantwortung übernehmen, das Gesundwerden in Gedanken unterstützen, Krankheit als eine Chance betrachten, unsere Fähigkeiten motivieren und uns im Innern öffnen. Wir dürfen den Kopf nicht hängen lassen und resignieren. Die Engel helfen uns, wenn wir uns selbst aufrichten, auf ihre Hilfe vertrauen und geläutert dem Licht entgegengehen. Engel sind die besten Ärzte – der Chefarzt Gott selbst –, sie wirken heilend auf unsere Seele ein. Ihnen dürfen wir vertrauen. Sie führen unsere Beschwerden ins Licht. Wenn wir uns in ihre Arme fallen lassen, uns vorstel-

len, wie sie uns im Leid nahe sind, ist ihre Kraft viel mächtiger als die stärkste Placebowirkung. Ja, visualisieren wir ihre heilenden Flügel, ihren heilenden Wind, ihre heilenden Düfte, ihre heilenden Schwingungen, ihr heilendes Licht. Wir sind in guten Händen und brauchen nicht zu verzweifeln – alles wird gut. Erkennen wir es auch als Gnade, denn wir sind unseren Engeln viel näher, wenn wir mit Pein und Schmerzen zu kämpfen haben. Das Leiden wird uns Stufe um Stufe höhertragen. Wenden wir uns deshalb der inneren Sonne zu. Heiliger Geist wird uns stärken. *«Kommt alle zu mir, die ihr mühselig und beladen seid, ich will euch erquicken!»*

*Heilmeditation im Lichte der Engel*

Die Heilmeditation ist die beste Möglichkeit, das Gesundwerden von Körper, Geist und Seele in Gemeinschaft mit den Heilerengeln zu intensivieren. Wir werden still, öffnen unser Herz und richten die Gedanken himmelwärts. Das Näherrücken ans Licht der Engel ist wie wenn zwei elektrische Drähte zueinandergeführt werden. Je näher, umso mehr beginnt es zu funken und zu sprühen. In dieser Strahlkraft können wir heil werden. Allerdings müssen wir die Meditation gut vorbereiten. Wir ziehen uns in einen stillen Raum zurück, zünden eine Kerze an, lassen ein paar Körner Weihrauch verglühen und ruhige, harmonische Musik abspielen. Dann beginnen wir die Meditation mit einem Gebet, damit sich die Schwingung in und um uns erhöht. Wir setzen oder legen uns hin, lockern etwas die Kleidung und schließen die Augen. Anschließend konzentrieren wir uns auf die Atmung, ohne diese in irgendeiner

Form zu beeinflussen. Wir atmen ruhig und locker langsam ein und aus. Falls uns ein Gedanke irritiert, lenken wir ihn automatisch auf das entspannte Atmen. Nach wenigen Minuten spüren wir, wie wir immer leerer werden. Wenn falsche Bilder auftauchen, löschen wir sie wie beim Computer mit der Delete-Taste – es wird funktionieren. Wir liegen da wie ein stiller See, auf dessen ruhiger, unbewegter Wasseroberfläche unser Heilerengel sich widerspiegelt. Wir fixieren uns auf dieses Licht und gelangen dadurch in höhere Schwingungsebenen. Fast körperlich spüren wir die unmittelbare Nähe des Engels. Es wird warm in unserer Seele, wir fühlen uns geborgen. Nichts kann uns mehr stören. Nun richten wir unser geistiges Auge auf den Engel, der uns mit seinem heilenden Licht einhüllt und uns erhellt wie die Strahlen der Sonne. Was wir uns vorstellen, wird sich sofort realisieren. Ist uns bewusst, dass Heilkraft auch aus Placebowirkung entsteht,

so wird sie in der Meditation durch die Vorstellungskraft zu den Engeln noch viel größer und mächtiger sein. Wir schweben im Glanz der lichten Wesen, deren Strahlkraft ganz in uns eindringt und jede Zelle belichtet. Jedes Organ, jede Funktion unseres Körpers wird mit harmonischer Energie versorgt. Wir öffnen uns dem ewigen Strom, der vom Himmel herabfließt. Das Engelslicht löst jeden Schatten in unserem Körper auf. Lichte Heilwellen bewirken, dass unsere Seele immer mehr zu strahlen beginnt. In uns erwacht ein tiefes Glücksgefühl und wir übergeben unsere körperlichen Beschwerden der himmlischen Strahlkraft. Alles wird gut.

Diese positiven Heil- und Lebenskräfte können wir auch für unsere Mitmenschen einsetzen. Wir können in der tiefen Versenkung das Licht unseren Nächsten, unseren Familienmitgliedern, einem Kranken oder einer betrübten Seele zusenden. Dabei visualisieren wir, wie sie vom himm-

lischen Licht in eine Wolke eingehüllt werden. Diese hohe Energie wird nicht verloren gehen. Sie wird den Nächsten aufrichten und stärken.

Harren wir in der Versenkung aus, benutzen wir die Kraft und Macht unserer Vorstellung. Übergeben wir uns der Imagination. Lassen wir uns aus dem Himmel erneuern. Beobachten wir das Unsichtbare, das Feine, die Strahlen, die nach oben ziehen. Wir werden geläutert und durchsichtig. Unsere geistigen Augen beginnen zu sehen. Das Fenster zum Licht öffnet sich. Welch ein Glück, welch ein Licht, das die Dunkelheit erlöst. Wir sind in den Armen des Engels. Wir spüren seine Wärme, wir sehen seine Aura, wir empfangen seine heilende Strahlung, wir sind glücklich und dankbar. Wir kommunizieren mit unserem Engel ohne Worte und ohne Sprache. Wir sind vereint, unzertrennlich, aufeinander ausgerichtet wie die Kraft der Magnete. Für uns beginnt ein neues Leben mit edlen Gedanken, mit geläuter-

ten Gefühlen, mit gestärktem Willen und gesundem Körper. Das Herz will zerspringen vor Liebesgefühlen. Dankbar kehren wir in den Alltag zurück. Es ist ein neuer Tag,
ein neuer Anfang, eine neue Welt.

## Engel auf der Reise ins Licht

Was würden wir tun, wenn wir nur noch wenige Tage zu leben hätten? Diese Frage beschäftigt uns oft, wenn wir uns mit den Gedanken über Leben und Tod befassen. Vielleicht würden wir eine Weltreise unternehmen oder mit all unseren Lieben ein riesiges Fest feiern. Der Wunsch, das Leben noch einmal richtig auszukosten, wird dann zum großen Bedürfnis.

Sobald der Tod vor der Türe steht, rückt er unanfechtbar die Maßstäbe für unser Leben zurecht. Unvermittelt beginnen wir zu ordnen, was für uns wichtig und was belanglos ist. Wir befreien uns von allen Hetzereien und Spannungen des Alltags. Unsere Sichtweise bekommt einen neuen Horizont und wir betrachten unsere bisherige irdische Existenz als ein kostbares Geschenk. Dankbar sind wir für jeden Augenblick und achtsam auf jedes Wort, das wir sprechen.

Auch unsere Gedanken werden feiner. Alles werfen wir über den Haufen, was unwesentlich ist. Die Lust am Leben erwacht in einer neuen Dimension. Intensiv empfinden wir, wie wir atmen, wie wir fühlen und dass es einzigartig ist, auf der Welt zu sein. Wir spüren dem Geheimnis des Lebens nach. Wir halten Rückschau, ziehen Bilanz und fragen uns, was wir in den verbleibenden Tagen noch besser machen könnten. Wir schließen Frieden und nehmen Abschied. Zurück bleibt eine gewisse Angst vor dem Unbekannten. Das Sterben, welches wir vielleicht während vielen Jahren verdrängt haben, wird uns zur größten Angelegenheit. Was ist der Tod und wie werden wir sterben? Wir suchen nach Antworten, nach Erklärungen; wir möchten ins Geheimnis des Sterbens eingeweiht werden.

Mit all diesen Fragen begeben wir uns in ein unerforschtes Niemandsland. Kein Mensch ist in der Lage, uns den Sterbevorgang zu erklären. Obwohl täglich Tausende Mit-

menschen die Welt verlassen, ist es höchst bedenklich, dass die Wissenschaft für die bedeutungsvollste Frage der irdischen Existenz keine Antwort hat. Wohl ist sie in der Lage, den Mond und ferne Planeten zu erforschen, aber für die wesentlichste Reise des Erdenbürgers mangelt es ihr an einer aufschlussreichen Interpretation. Der Tod passt einfach nicht in unser materialistisches Weltbild – man beschäftigt sich lieber nicht damit. Der moderne, aufgeklärte Mensch des 21. Jahrhunderts weicht diesem Thema aus. Für viele ist der Tod wie eine schwarze Wand, ein Buch mit sieben Siegeln, dessen Inhalt wir ahnen, aber nicht erfahren wollen. Der Schriftsteller Jean Améry schreibt: «*Wir wissen, dass wir sterben müssen, aber wir glauben es nicht.*» In der Tat verdrängen wir das Ende unserer irdischen Existenz in den Hintergrund. Viele möchten alt werden, aber nicht alt sein und sterben. Wir sind es aber unserem Verstand und unserem Herzen schuldig, dass wir uns mit dem Hinüber-

treten in eine andere Welt gedanklich auseinandersetzen. Es ist eine Binsenwahrheit, dass mit dem ersten Atemzug nichts so sicher ist wie der letzte. Hier auf Erden haben wir keine Bleibe. Jedem Menschen ist es auferlegt zu sterben. Wir können den Tod weder durch Klonen, noch durch Gen-Manipulation verhindern. Auch die beste Lebensversicherung kann diesem unabdingbaren Geschehen keinen Einhalt gebieten. Sterben ist ein unumstößlicher Teil unseres Lebens, mit dem wir uns, ob jung oder alt, beschäftigen müssen. Solange es uns jedoch gut geht, denken wir selten über das Jenseits nach.

Leben lernen heißt aber auch sterben lernen. Je bewusster wir leben, umso klarer sehen wir unserer Zukunft entgegen. Wenn wir erkennen, dass unser irdisches Dasein begrenzt ist, erwacht das Interesse für das Übersinnliche – wir erkennen, dass es mehr gibt als nur die materielle, erdhafte Existenz. Wir blicken tiefer und kommen allmählich dem

Geheimnis des Lebens auf die Spur. Der hl. Benedikt fordert uns sogar auf, uns täglich den Tod vor Augen zu halten; keineswegs aber mit traurigem Gesicht, sondern mit *«Lust am Leben»*.

Die Beschäftigung mit dem Sterben weckt in uns sogar die Lebensfreude. Mozart brachte dies in einem Brief vom 4.4.1787 (vier Jahre vor seinem eigenen Tod) an seinen sterbenden Vater zum Ausdruck: *«Da der Tod (genau zu nehmen) der wahre Endzweck unseres Lebens ist, so habe ich mich seit ein paar Jahren mit diesem wahren, besten Freunde der Menschen so bekannt gemacht, dass sein Bild nicht allein nichts Schreckendes mehr für mich hat, sondern recht viel Beruhigendes und Tröstendes! Und ich danke meinem Gott, dass er mir das Glück gegönnt hat, mir die Gelegenheit (Sie verstehen mich) zu verschaffen, ihn als den Schlüssel zu unserer wahren Glückseligkeit kennen zu lernen.»*

Der Schriftsteller Bert von der Post (Köln) drückt es anders aus: *«Wenn wir lernen, bewusst zu leben, sind wir auch imstande, bewusst zu sterben.»* Sterben ist eine Wandlung, ein Übergang in eine neue Daseinsform. Leben folgt auf Leben, eines greift ins andere über, reiht sich aneinander wie die Perlen eines Rosenkranzes. Wenn wir eine Reise in ein anderes Land unternehmen, bereiten wir uns vor. Wir erlernen die neue Sprache, orientieren uns an der Landschaft und informieren uns über die fremden Lebensgewohnheiten. Wir lassen aber auch zurück. Was wir hinter uns lassen, ist vergänglich, was wir mitnehmen, ist ewig.

Nach Ansicht von Elisabeth Kübler-Ross, die als Sterbeforscherin zahlreiche Ehrendoktortitel erhalten hat, *«ist der Tod das Heraustreten aus dem physischen Körper, und zwar in gleicher Weise wie ein Schmetterling aus dem Kokon herausschlüpft.»* Sterben ist für sie *«ein Umziehen in ein schöneres Haus».*

Dr. med. Raymond A. Moody befragte während fünf Jahren an der Universitätsklinik von Virginia (USA) über 150 Pa-

tienten, die ein Nahtod-Erlebnis hatten. Aufgrund dieser Befragungen kommt er zum Schluss: *«Es gibt ein Leben nach dem Tod.»* Die sterbenden Patienten waren für ihn die besten Lehrer der Welt. E. Kübler-Ross sagt: *«Der Tod ist nicht eine Sache des Glaubens, sondern des Wissens. Wenn wir einmal gestorben sind, wissen wir es sowieso.»*

Es gibt keinen Stillstand unseres Seins, auch nicht im Augenblick unseres physischen Todes. Der letzte Atemzug des irdischen Menschen ist die erste Atmung der entkörperten Seele. Die Seele, die den Leib verlässt, ist dieselbe, aber vom Körper losgelöst. Der Abschied von dieser Welt vollzieht sich so, wie wir uns im Frühling des abgetragenen Wintermantels entledigen. In diesem Sinne ist der Tod der Höhepunkt unseres biologischen Lebens.

Weil aber das Sterben vielfach mit Krankheiten, Unfällen oder Schicksalsschlägen verbunden ist, sehen wir dem Geschehen mit bangem Herzen entgegen. Wir fragen uns besorgt: Wie werden wir sterben, wie wird es sein? Aber wir müssen uns nicht ängstigen, denn wenn wir uns im Sterbeprozess vom Körper loslösen, entschwinden sämtliche physischen Empfindungen. Genau dies bestätigt E. Kübler-Ross, welche über 20 000 Kranke im Sterben begleitete. Sie schreibt: *«Ich konnte beobachten, dass selbst die aufgebrachtesten und schwierigsten Patienten sich kurz vor dem Tod entspannten und dass eine feierliche Ruhe von ihnen ausging, während die Schmerzen aufgehört hatten, obwohl der Körper von Krebsgeschwüren samt Metastasen heimgesucht war.»*

Der Körper wird abgelegt und die Seele entschwebt, weshalb das Sterben nicht physisch, sondern losgelöst empfunden wird.

### Keiner stirbt allein

Sobald wir beim Sterben den irdischen Körper ablegen, werden wir von Lichtwesen abgeholt. Keiner stirbt allein,

selbst dann nicht, wenn wir in einsamer Wüste verdursten müssten. Engel stehen uns zur Seite. Wir brauchen keine Angst zu haben. Im Gegenteil, mit ihrer lichtvollen Schwingung hüllen sie uns ein, auf dass wir uns auf den Übergang bereitwillig und von Herzen freuen können. Sie spannen ihre Flügel aus und ziehen uns hinauf zum Licht. Vergleichbar mit einem imposanten Sonnenuntergang, der sich in der neuen Welt zum strahlendsten Sonnenaufgang verwandelt. In den Armen der himmlischen Wesen fühlen wir uns glücklich und geborgen. Nichts hält uns mehr zurück. Wir sind von Licht umgeben. Alles wird gut.

### Dem Licht entgegen

Anhand der Befragungen sterbender Patienten von E. Kübler-Ross und R. Moody besitzen wir aufschlussreiche Kenntnisse über das Hinübertreten der Seele in die jenseitige Welt. Laut Aussagen der betroffenen Menschen steht uns etwas Wunderbares bevor. Engel werden uns begegnen und uns geborgen durch einen Tunnel oder über eine Brücke zu einem Lichtpunkt führen. Dieser Moment ist ein einmaliges, befreiendes Erlebnis. Je näher wir dem Licht entgegengehen, desto stärker werden wir von einer unbeschreiblichen, bedingungslosen Liebe erfüllt, die wir uns als Mensch gar nicht vorstellen können – dafür gibt es keine Worte. Dieses Licht ist von einer unbeschreiblichen Helligkeit und einer unwiderstehlichen Anziehungskraft. Gottes Gegenwart ist in diesem Licht, was sich im Bibelwort bewahrheitet: *«Ich bin das Licht der Welt.»*
Von Sphärenmusik begleitet begegnen uns Geistwesen bereits verstorbener Verwandter und Freunde. Dieser herzerfreuende Augenblick ist ein Zusammentreffen voller Zuneigung und Wärme. In dieser Glückseligkeit tritt ein mächtiger und gütiger Engel an uns heran und hält mit uns

Rückschau auf unser irdisches Leben. Seine Liebe ist bedingungslos – sie ist einfach da und stellt weder Ansprüche noch Forderungen. Die Szenerie unserer irdischen Existenz zieht wie ein Film vor unseren Augen vorüber. Wir sehen unsere Taten, spüren unsere Gedanken und hören unsere Worte. Wir gewahren die durchlittenen Stunden von Schicksalsschlägen und Prüfungen, die uns zur geistigen Entwicklung führten. Wir erkennen aber auch unsere Schwächen und Stärken, die Stolpersteine und Abstürze, welche uns auf dem Erdenpfad behinderten. Unsere Seele offenbart sich als ein Buch des Lebens, in dem alles gespeichert ist. Das Einzige, was zählt, ist die gelebte Liebe und der Wille zum Guten. Wir sehen der eigenen Wahrheit in die Augen.

Unsere irdische Existenz wird uns in der Rückschau als eine Lebensschule zur geistigen Entwicklung vorgeführt. Wir halten Einblick in unsere Hausaufgaben. Es sind Tugenden,

die wir uns zu eigen machten: Nächstenliebe, Zufriedenheit, Fürsorge, Dankbarkeit, Aufopferung, Fröhlichkeit,
Lauterkeit, Gottesfurcht, Demut, Hingabe und Herzens-
wärme.

Der Blick in die Vergangenheit zeigt uns auch, dass wir
beständig von unserem Schutzengel auf unserem Lebenspfad begleitet wurden. Wie Schuppen fällt es uns von den
Augen. Wir sehen, wie er an unser Gewissen appellierte,
wie er uns zum Guten inspirierte, wie er uns in unserer
irdischen Aufgabe bestärkte. All die guten Taten, die wir in
unserem irdischen Dasein verwirklicht haben, schmücken
nun unser Seelenkleid. Dessen Aura bestimmt unsere
himmlische Zukunft und wir gehen der Läuterung und
Verklärung entgegen.

## Schlusswort

Durch die Vertiefung in diese Lektüre sind uns die Engel zu guten Freunden geworden. Es ist uns ein Bedürfnis, sie um Licht und Kraft für alle Leidenden, Geprüften und Sterbenden zu bitten. Mit unserem Herzen und in unseren Gedanken sind wir alle mit ihnen verbunden. Wir begleiten sie mit unseren Gebeten und Wünschen. Himmlische Wesen mögen sie in all ihren Nöten und Sorgen liebevoll umarmen, sie im Leiden stärken und in der Trauer aufrichten.

Bleiben wir uns aber bewusst, nie sind wir den Engeln so nahe, als wenn an uns Schicksalsschläge und Prüfungen herantreten. Sie sind dann wirklich da und möchten uns helfen. Wir brauchen nicht zu verzagen, sondern nur unsere Hände auszustrecken. Wir werden sie wie eine vibrierende Schwingung empfinden. Ihre Anwesenheit ist eine tragfähige Brücke, über die wir mit ihnen in Kontakt treten können.

Trotz Kummer und Not können wir uns mit ihnen zum Flug erheben. Durch ihre Gegenwart entsteht eine machtvolle Strahlung, die uns körperlich und seelisch stärkt. Sie sind die besten Psychologen, die gütigsten Ärzte, die vertrauenswürdigsten Freunde, auf die wir uns immer verlassen können. Ihre Botschaft verschafft uns ein Stück Himmel auf Erden, der zu uns herabsteigt. Ihre Aufgabe ist es zu heilen, zu unterweisen, zu erneuern und uns den Weg zur Erleuchtung aufzuzeigen. In ihrer Begleitung sind wir Pilger zum Licht. Die Kommunikation mit ihnen ist unwiderstehlich. Sie umgeben uns mit einem Gefühl der Wärme, der Ruhe und Geborgenheit. Sie helfen uns die richtigen Entscheidungen zu treffen, bringen Sicherheit in allen Lebenslagen. Sie fangen uns auf, wenn wir über Steine stolpern. Sie lehren uns, den Blick nach oben zu richten und hinterlassen in unserem Innern eine tiefe Sehnsucht. Sie machen uns sensitiv für die zarten Fäden, die unser

Leben mit dem Himmel verbinden. Sie inspirieren uns mit Frohmut, Humor und Lebensfreude. Sie helfen uns zu verzeihen, loszulassen – das Leben zu bewältigen. Ihre Nähe ist ein inneres Licht, das aufblitzt. Unser Herz wird berührt, die Seele wird weit.

Folgen wir ihren Spuren und bemühen wir uns selbst in unserem irdischen Alltag, engelsgleich zu handeln, so schaffen wir uns den Himmel auf Erden. Die Engel werden uns wie auf Wolken tragen und uns zu Gott hinführen. Alles wird gut.

*«Bleibt, ihr Engel, bleibet bei mir!*
*Führet mich auf beiden Seiten,*
*dass mein Fuß nicht möge gleiten.*
*Aber lehrt mich auch allhier*
*euer großes heilig Singen*
*und dem Höchsten Dank zu bringen.*
*Bleibt, ihr Engel, bleibt bei mir!»*

Kantate von Johann Sebastian Bach zum Michaelis-Fest

# Bildnachweis

*Anmerkung*

In einem nächsten Buch sollen lichtvolle Erfahrungen mit Engeln dokumentiert werden. Entsprechende Erlebnisse können dem Birkenhalde Verlag mit dem Vermerk «Engel, Licht und Flügel», Mattenbachstrasse 2, CH-8411 Winterthur, eingereicht werden.
Herzlichen Dank.

Alle Fotos (ausser Seite 8 oben, Seite 9, Seite 16 links) stammen von Bruno Vonarburg und wurden in Parks, Alleen, Friedhöfen und öffentlichen Plätzen aufgenommen. Die jeweiligen Standorte sind im obigen Bildnachweis aufgeführt.

Der Herausgeber hat sich darum bemüht, alle Rechteinhaber von Bildern um die Freigabe zur Veröffentlichung in diesem Werk zu fragen. Wir erfüllen aber berechtigte Honoraransprüche, sollten wir dennoch jemanden übergangen haben.

## Literaturverzeichnis

Borrel Marie, «Der Arzt in uns selbst», Oesch Verlag

Dahlke Ruediger, «Krankheit als Sprache der Seele», Goldmann Verlag

Gandhi Mahatma, «Aus der Tiefe des Herzens», Benziger Verlag

Kübler-Ross E., «Erfülltes Leben, würdiges Sterben», Gütersloher Verlagshaus

Kübler-Ross E., «Über den Tod und das Leben danach», Silberschnur Verlag

Lardon-Kattenbusch C., «Da kam ein Engel vom Himmel», Bastei Lübbe

Moolenburgh H.C., «Engel als Beschützer und Helfer des Menschen», Bauer Verlag

Taylor Terry L., «Lichtvolle Wege zu deinem Engel», Goldmann Verlag

Taylor Terry L., «Warum Engel fliegen können», Goldmann Verlag

Weil Andrew, «Spontanheilung», C. Bertelsmann Verlag

Weitere im Buchhandel erschienene Bücher von B. Vonarburg:

«Gottes Segen in der Natur», Handbuch der Naturheilkunde, Christiana Verlag

«Heilen mit Frischpflanzentropfen», Ratgeber für 70 Krankheiten, Midena Verlag

«Homöotanik», Arzneipflanzenführer der klassischen Homöopathie; Band I «Zauberhafter Frühling», Band II «Blütenreicher Sommer«, Band III «Farbenprächtiger Herbst», Band IV «Extravagante Exoten», Haug Verlag

«Kräutersegen auf allen Wegen», Heiteres Herbarium rund ums Jahr, Christiana Verlag

«Natürlich gesund mit Heilpflanzen», AZ-Verlag

«Wanderplausch im Appenzellerland», Appenzeller Verlag

## Bruno Vonarburg

Bruno Vonarburg, der Autor dieses Buches «Engel, Licht und Flügel», ist heute einer der bekanntesten Heilpraktiker der Schweiz. Aus seiner engagierten Tätigkeit sind über ein Dutzend naturheilkundliche Werke entstanden, die in Fachkreisen grosse Beachtung gefunden haben. Zahlreich sind auch seine Auftritte in Radio und Fernsehen sowie seine Beiträge in verschiedenen Zeitschriften.

In seiner Jugendzeit entfachte die Faszination zu den Engeln. Ihre kunstvollen Skulpturen hat er auf Wanderungen durch Italien, Deutschland, Österreich, England, Rumänien und die Schweiz in Parks und auf Friedhöfen fotografisch eingefangen. Die Glanzstücke seines Archivs mit über tausend Exemplaren werden nun in diesem aufwändig illustrierten Bildband wiedergegeben. Die einzigartigen Fotografien ge- winnen den Leser für die Wirklichkeit der Himmelsboten. Die Bildfolge ist eine visionäre Meditation, in der wir vom Licht der geflügelten Wesen im Innern berührt werden.